Ausschnittkarte von Deutschland, Österreich und Schweiz siehe Nachsatz

Süddeutsche Zeitung Magazin

HOTEL EUROPA

Refugien in der Stadt, auf dem Land und am Wasser

PRESTEL

München · London · New York

Kompass

Neulich erst erreichte die Redaktion des SZ-Magazins ein Brief eines Lesers, der seinerzeit gleich zwei Häuser aus der Kolumne »Hotel Europa« ausprobierte – »Beide haben sich als sehr gute Empfehlungen erwiesen«, schrieb er. »Und auch der Wandertipp des Autors sei »eine hervorragende Empfehlung« gewesen – »Leider mussten wir feststellen, dass in San Giorgio die tätowierten Kellner Montag und Dienstag Ruhetag haben, wir hatten bei Ankunft großen Hunger. Auch die anderen Restaurants hatten geschlossen.« Somit schulde der Autor der Hotel-Europa-Kolumne dem Ehepaar K. noch eine Portion Nudeln.

Seit 2010 stellt die Redaktion des Magazins der Süddeutschen Zeitung jeden Freitag ein Hotel vor, das Redaktionsmitglieder in den Monaten zuvor besucht haben. Es sind nicht unbedingt die makellosen Hotels, die die Kolleg*innen interessieren, nicht die funkelnden Fünf-Sterne-Häuser, nicht die anonymen Dependancen einer nationalen oder internationalen Hotelkette, in der Regel auch nicht die Häuser, die versuchen, es einfach jedem recht zu machen und gerade deshalb austauschbar werden. Die Kolleg*innen stellen Hotels vor, die sie sich selbst gönnen wollen und beizeiten auch leisten können. Hotels, die sie jederzeit auch in ihrem engsten Freundeskreis weiterempfehlen würden – wegen dieses einen Blickes hinunter ins Tal oder den Berg hoch, wegen des singenden Manns an der Rezeption oder des selbstgebackenen Brots auf dem Frühstücksbuffet oder eben des einen Wanderwegs, der gleich hinter dem Haus beginnt, bloß bitte nicht am Montag oder Dienstag, denn da ist ja Feiertag in der Wirtschaft oben in San Giorgio, wie Familie K. leidlich erfahren hat.

Die Auswahl geschieht natürlich höchst willkürlich. Wie sollte man auch Hotels objektiv beurteilen können, denn jeder Gast und jede*r Autor*in sieht und erlebt ein Hotel etwas anders.

Das SZ-Magazin hat aus diesem Umstand nie einen Hehl gemacht – die Leser*innen vertrauen unserem Geschmack nur allzu oft. Davon zeugen einige Hotels, die direkt nach einer Besprechung in einer Kolumne erst einmal für einige Zeit ausgebucht waren.

Im Jahr 2019 haben wir zum ersten Mal unsere Lieblingshotels aus der Kolumne in einem Buch veröffentlicht. Auch in diesem Folgeband haben wir die neu entdeckten Hotels – 85 an der Zahl – nach Lage in Stadt, Land, Wasser unterteilt, je nach Bedarf und Gemütslage.

Lars Reichardt

Stadt

Land

Wasser

Sta

dt

Volkshotel

Amsterdam

Wenn man am Morgen nach einer zu langen Geburtstagsfeier zerknautscht in seinem Amsterdamer Hotelbett aufwacht und ein Hirsch im Zimmer steht, gibt es drei mögliche Erklärungen: 1. Drogen (nein, ehrlich nicht). 2. In der Nacht ist man einem Hirsch begegnet und hat ihn mitgenommen (in Amsterdam durchaus denkbar, aber...nein). 3. Der Hirsch muss Dekoration sein, und der Mensch, der das Zimmer eingerichtet hat, war sehr ambitioniert (Treffer! Die Erinnerung kommt zurück: Der lebensgroße Plastikhirsch stand beim Einchecken schon da). Wenn Hotels cool sein wollen, lassen sie gern »namhafte Designer« einige Räume des Hauses gestalten. Dann muss man auf einiges gefasst sein: Als Designerin oder Designer

will man für sein Geld so richtig kreativ abliefern. Siehe Hirsch. Im »Volkshotel« in Amsterdam sind sieben der 172 Zimmer solche Designerzimmer, sie heißen etwa »Johnny Jukebox«, »White Bike Room« oder »Cinema Boudoir«. Der Hirsch-Raum wird gerade neu gestaltet, bin gespannt. Wer es klassisch mag: Die übrigen 165 Zimmer sind normal (aber stilvoll) eingerichtet. Das sechsstöckige »Volkshotel« bietet zudem: tolle Blicke über die Stadt, eine Dachterrasse mit »Hot Tubs« in Holzfässern, einen eigenen Club, in dem DJs auflegen, und 85 »Working Spaces«. Alles hier ist verspielt, jung, lebensfroh, bezahlbar – genau richtig für Post-Corona-Zeiten. MB

Volkshotel, Wibautstraat 150, 1091 GR Amsterdam, Niederlande, Tel.: +31 (0)20 261 21 00, www.volkshotel.nl, DZ ab 79 Euro

Ich glaube, es wird wahnsinnig unterschätzt, wie gut kleine Städte trösten können. Eigentlich kann ich es viel genauer sagen: wie gut Bamberg trösten kann. Ich bin befangen, weil ich mehrere Monate lang dort gelebt habe, im Sommer Bier auf der Unteren Brücke mit Blick auf Klein-Venedig getrunken habe, im Winter mit Hefe-Zimtstangen vom »Kapuzinerbeck« die Regnitz entlangspaziert bin. Aber falls auch bei Ihnen in den vergangenen Monaten alles zu viel war, kann ich nur raten: Fahren Sie bald in diese Stadt. Kaufen Sie am Markt Bamberger Hörnla (Kartoffeln) für zu Hause und in der Bäckerei Bamberger Hörnla (Croissants) für gleich. Hören Sie, wie weich harte Konsonanten klingen können. Steigen Sie

Le Baldinger

Bamberg

hoch zum Kloster am Michaelsberg und schauen Sie sich die schiefen Dächer an. Und schlafen Sie in den schiefen Wänden dieses Hotels: Das »Le Baldinger« ist so schön, wie ein Hotel nur sein kann, was auch daran liegt, dass es von jenen drei Menschen betrieben wird, die für die tolle Barszene in der Stadt mitverantwortlich sind (und die nebenan im dazugehörigen Restaurant »Frañko« köstliche fränkische Tapas servieren). Jedes Zimmer ist unterschiedlich eingerichtet, jedes Detail des Hauses ist denkmalgeschützt, alle Farben und Möbel sind schön,

es ist ein einziges hübsches Glück. Am Ende hoffe ich, dass es Ihnen so geht wie mir: Ich habe vor meinem Besuch in Bamberg viel gegrübelt, auf der Heimfahrt viel geträumt. DW

Le Baldinger – Boutique Hotel, Lange Straße 22, 96047 Bamberg, Tel.: +49 951 96 43 60 87, www.lebaldinger.de, DZ ab 134 Euro

Cochs Pensjonat

Auch ein Mensch, der nicht in Golddukaten badet, möchte sich vielleicht mal Oslo angucken. Sollte er oder sie auch, die Ölnation Norwegen baut sich gerade in einem irren Tempo kulturelles Selbstbewusstsein auf, vor Kurzem hat das Munch-Museum am Wasser eröffnet, in diesem Jahr soll ein neues Nationalmuseum aufmachen. Nicht zu vergessen: die grandiose Oper! Wer dort nicht auf dem Dach spaziert ist, hat noch ein Glücksgefühl vor sich. Weil man in Oslo aber sehr viele Kronen für eigentlich

Oslo

alles braucht, sollte man sich ein Zimmer im »Cochs Pensjonat« buchen. Das ist für Osloer Verhältnisse unglaublich günstig, wenn man überlegt, dass man für einen Teller Suppe und ein kleines Bier in der alteingesessenen Künstlerkneipe »Lorry« gegenüber schon halb so viel zahlt wie für eines der günstigen Einbettzimmer im »Cochs Pensjonat«. Der Preis ist aber nicht der einzige Grund, der für dieses altehrwürdige Haus in direkter Nähe zum Schlosspark spricht. Es ist sehr nett dort. Die Zimmer, besonders die eben erst renovierten, sind hübsch und haben alles, was man braucht. In direkter Nähe liegen nicht nur »Lorry« und Schlosspark, sondern auch das elegante Literaturhaus. Und wer danach wieder sparen muss: Seit einiger Zeit etabliert sich in Oslo eine junge Saunabewegung, die aus allem, was sie findet, Saunaboote zimmert. Ein Besuch dort kostet so viel wie ein mittelgroßes Bier im »Lorry«, und wer da ins Wasser springt, badet zugleich in dem Fjord, den schon Edvard Munch malte. LW

—— Cochs Pensjonat, Parkveien 25, 0350 Oslo, Norwegen, Tel.: +47 23 33 24 00, www.cochspensjonat.no, DZ ab 75 Euro

The Buxton

Das »The Buxton« liegt am Ende der Brick Lane im Londoner Stadtteil Spitalfields, und mehr »Brick«, also Backstein, geht nicht: Die Fassade ist waschecht viktorianisch, innen wurden die Steine weiß angestrichen und mit modernem Design kombiniert. Genau so, wie man das von einem hippen Londoner Pub mit Pension oben drüber erwartet. An der Theke überreicht die Kellnerin den Zimmerschlüssel, rechts daneben geht es beschwingt durch eine kleine Tür – und dann die große Ernüchterung: Stufen, sehr viele, sehr steile Stufen. Kein Aufzug. Das Zimmer liegt im dritten Stock. Und der Koffer wiegt 23,4 Kilo. Einmal oben angekommen präsentiert sich die Einrichtung als Musterbeispiel der Kategorie »Was man aus wenig Platz rausholen kann«. Der Koffer kommt unters aufgebockte Bett, statt einem

Schrank gibt es Haken an der Wand, der alte Kamin dient als Sideboard. Auf dem Bett liegt eine handgeknüpfte Decke, darüber hängt eine gerahmte Webarbeit – alles hier ist eine Hommage an den Politiker Sir Thomas Fowell Buxton, Anfang des 19. Jahrhunderts ein prominenter Gegner der Sklaverei,

The Buxton, 42 Osborn Street, London, E1 6TD, England, Tel.: +44 20 73 92 22 19, www.thebuxton.co.uk, DZ ab 125 Pfund

Bierbrauer und Unterstützer der lokalen Webereien. Das Pub unten ist der guten Lage wegen übrigens immer voll und mit großer Wahrscheinlichkeit bleibt man an dem Marmor-Tresen viel länger sitzen als geplant, sind ja – theoretisch – nur ein paar Stufen bis ins Bett. Immerhin ist die Treppe mit Teppich überzogen. So kann man den Koffer bei der Abreise einfach hinuntergleiten lassen. SW

London

Hotel Frantz

Hotels sind oft wie Konfektionskleidung: Sie passen den meisten, aber kaum jemandem perfekt. Das Stockholmer »Hotel Frantz« hingegen fühlt sich an wie maßgeschneidert. Es liegt ideal, mit dem hippen Stadtteil Södermalm im Rücken und der Altstadt vor sich. Ein Premium-Standort, an dem der Schneider Frantz Bock 1647 sein Atelierhaus errichten ließ. Das Gebäude, eines der ältesten der Stadt, fasst heute 48 Zimmer, ein Restaurant und eine kleine Bar. Ausgetretene Stufen führen nach oben. In den Zimmern Couture-Gefühl: samtbezogene Betten in dramatischer Breite, so hoch, dass die Reisetasche darunter verschwindet. Sessel mit fächerförmigen

Hotel Frantz, Peter Myndes Backe 5, 116 46 Stockholm, Schweden, Tel.: +46 8 442 16 80, www.hotelfrantz.com, DZ ab 176 Euro

Lehnen, goldene Garderobenhaken, »Bitte nicht stören«-Schilder aus schwarzem Leder. Es passt hier jedes Detail, von den Sitzpolstern auf dem Fensterbrett bis zum hölzernen Schuhlöffel. Die Schwestern Ellen und Tea Pettersson, 25 und 27 Jahre alt, die das Hotel zusammen führen, nahmen sich den Schneidermeister Frantz Bock zum Vorbild, als sie das Haus gestalteten. Obwohl sie jünger sind als die meisten ihrer Gäste, verstehen sie offenbar sehr gut, was diese wünschen. Aber auch, was ihre eigene Generation will: opulent frühstücken. Und so warten die Instagrammer morgens brav, bis im Restaurant ein Tisch frei wird, um bei alkoholfreiem Sekt, Chili-Rührei und selbst gebackener Erdbeer-Biskuit-Torte so stiligt, was stylish heißt, auszusehen, wie das wahrscheinlich nur Menschen aus Stockholm können. JB

Stockholm

Mein Vater wohnt in Bingen am Rhein, einer von Weinbergen umarmten Kleinstadt, in der jeder jeden kennt, babbelt und Riesling trinkt. Mein Vater liebt Bingen dafür. Keine Stadt fühlt sich für ihn weiter entfernt an als das flache, knurrige, biertrinkende Berlin, in dem er in den vergangenen drei Jahren allerdings 300 Nächte verbringen musste, beruflich. Er

sagt, er habe das nur so gut überstanden wegen dieses Hotels: des »Hommage à Magritte« in der Nähe des Savignyplatzes, im bürgerlichen Westen. Und das liege vor

Hommage à Magritte, Berlin

allem an Roman, dem Inhaber. Roman M. Stemerowicz und seine Frau haben das Hotel 2012 übernommen: 18 Zimmer in der Beletage eines Altbaus. Jedes Mal, sagt mein Vater, wenn er die Treppe hochsteige, die schwere Tür öffne und von einem der beiden begrüßt werde, vergesse er »die Hektik und Anonymität Berlins«. Das »Hommage à Magritte« ist für ihn der Gegenentwurf zur ortlosen Kettenhotelgeschmeidigkeit. Er mag auch die Wandmalereien im Stile von René Magritte, die im Hotel überall zu sehen sind. Das menschengroße Ei im Becher, das im Frühstücksraum an der Wand prangt, hat er fotografiert. Abends sitzen er und der Inhaber oft auf dem Balkon, trinken Wein und beobachten, was auf der Grolmanstraße los ist. Etwa wer ins »Cassambalis« geht, das ist ein Edel-Grieche nebenan. Er sagt, Angela Merkel und Jogi Löw hätten sie da schon einkehren sehen. Mein Vater empfiehlt besonders das Zimmer Nr. 2 mit Fenstern zum ruhigen Innenhof. CC

Hommage à Magritte Boutique Hotel, Grolmanstr. 32–33, 10623 Berlin, Tel.: +49 3089 56 70 87, www.hommage-a-magritte.com, EZ ab 89 Euro

Hotel Flora

In Göteborg spielt sich das Leben draußen ab, zumindest von April bis Oktober: Sobald die ersten Sonnenstrahlen in die Altstadt fallen, füllen sich die Tische der Straßencafés auf den Bürgersteigen. Da wird geredet, gegessen, getrunken und gearbeitet, und es ist unmöglich, die Stadttouristen aus ganz Europa von den jungen, geschäftigen Schwedinnen und Schweden zu unterscheiden, die ihr Home Office zum Café Office gemacht haben: Die einen wie die anderen tippen konzentriert in Handys oder Laptops, trinken Kaffee mit viel Milch-

— Hotel Flora, Grönsakstorget 2, 41117 Göteborg, Schweden, Tel.: +46 3113 86 16, www.hotelflora.se, DZ ab circa 100 Euro

schaum und tragen eher kurze Hosen und Sandalen als Anzug und Krawatte. Man erkennt die Einheimischen höchstens daran, dass sie sich sicherer (und schneller) mit den Elektro-Tretrollern über das Kopfsteinpflaster bewegen. Auch vor dem »Hotel Flora« stehen Dutzende dieser Roller, die man per App mieten kann. Das liegt daran, dass so viele Göteborger dort für einige Stunden das Café Office zum Hotel Office machen: Für rund 35 Euro am Tag (380 kr = circa 51 Euro) kann man nämlich im »Flora Workspace« einen Schreibtisch samt Internetzugang, Drucker, Kaffee und Obst mieten. Genau wie die Stadt ist das Hotel dadurch gleichzeitig sehr entspannt und sehr lebhaft: In den geräumigen und ruhigen Zimmern in den oberen Stockwerken schläft man auch bei geöffneten Fenstern gut. Im Erdgeschoss jedoch, in der Lobby, in der Bar und in jenem Workspace mit Schreibtischen und Konferenzräumen, mischen sich Touristen, Geschäftsreisende und arbeitende Einheimische – bei jedem Wetter. WL

Göteborg

Wie unterhaltsam, so ein vielgereister Hotelier: Jonathan Poole, Engländer, Anfang fünfzig, lernte im Internat einst Russisch, nach der Schule begann er, in Hotels der alten Sowjetstaaten zu arbeiten: Taschkent, Alma-Ata, Moskau, St. Petersburg. Vor zwanzig Jahren hatte er das Gefühl, dass sich in Russland alles zum Schlechten wendet. Also Tallinn. Er kaufte ein Hotel ohne Dach, es waren, erzählt er, zwei Häuser mit einem Nachtclub im Keller. 800000 Euro habe er bezahlt und fünf Millionen in die Renovierung des Kaufmannshauses von 1368 gesteckt. Chinesische

Merchants House, Tallinn

Möbel in den Zimmern, im Erdgeschoss ein Laden: Schals, Mützen einer Estin, die jetzt in London lebt, Ohrringe, Kerzen, schön. Poole sitzt so gut wie immer an der Rezeption, mehr als drei Stunden Schlaf bekommt er nicht, sagt er. Sogar die Spiegeleier brät er fürs Frühstück.

Natürlich kennt er die tollsten Orte in der Altstadt: Antiquitätenläden, in denen man alte Seekartentaschen findet; das Restaurant »Rataskaevu 16«, wo es Kürbissuppe, Elchfilet und frittierten Hering gibt. Und meinen Lieblingsort in Tallinn, den versteckt gelegenen Club »D'Boiss«, in dem man Zigarren, Schuhe und Hüte kaufen kann, Schach und Karten spielen, Fußball schauen oder einfach rauchen, trinken und manchmal essen, mitunter finden Jazzkonzerte statt, tagsüber ist ein Friseur da. Vor der russischen Botschaft in Hotelnähe hängen rot gefärbte Babystrampler und Protestplakate. Natürlich ist der Krieg in der Stadt spürbar. Aber an den Wochenenden ist Pooles Hotel ausgebucht, wenn die trinkfreudigen Finnen mit der Fähre kommen. LR

Merchants House Hotel, Dunkri 4/6, 10123 Tallinn, Estland, Tel.: +372 6977 500, www.merchantshousehotel.com, DZ ab 75 Euro

Unsöld's Factory

Ende des 19. Jahrhunderts kaufte Felix Unsöld ein Grundstück im Münchner Stadtteil Lehel. 1891 eröffnete er dort eine Fabrik für Stangeneis. Dieses Eis, auch Blockeis oder Roheis genannt, hat nichts mit Süßem an Sommertagen zu tun, sondern es kühlte Lebensmittel und Getränke. Auch die erste überdachte Eisbahn Deutschlands ließ Unsöld hier bauen. Ein halbes Jahrhundert später wurde im Zweiten Weltkrieg das Dach dieser Bahn zerstört. Kurz darauf begann die Massenfertigung moderner Kühlschränke. 1961 ging die Eis-Ära der Familie endgültig zu Ende: Die Münchner liefen lieber Schlittschuh im Prinzre-

Unsöld's Factory, Unsöldstr. 10, 80538 München, Tel.: +49 89 954282162, www.unsoelds-hotel.de, DZ ab 154 Euro

gentenstadion oder im Weststadion Pasing, Unsölds Bahn rentierte sich nicht mehr und wurde abgerissen. 1970 eröffneten seine Schwiegertochter und seine Enkelin ein Hotel in der Straße, die auf Initiative der Schwiegertochter mittlerweile Unsöldstraße hieß. Die beiden Urenkelinnen wiederum ließen das Hotel sanieren und eröffneten es 2020

München

wieder – als Denkmal für den Urgroßvater. Am Eingang des Hotels erinnert das Werk einer Berliner Künstlerin an fließendes Wasser, die Bar sieht aus, als wäre sie aus Eisblöcken gebaut, und im Frühstücksraum hängt ein großes Foto von Schlittschuhlaufenden vor einigen Jahrzehnten. Die Urenkelin Sonja Unsöld, 58, läuft auch heute noch regelmäßig Schlittschuh. Man findet sie aber auch häufig surfend auf der Eisbachwelle am Englischen Garten, die praktischerweise nur fünf Minuten Fußweg entfernt liegt. SD

Corpo Santo

Als mein Sohn sich an einem Donnerstagabend gegen 22 Uhr in Lissabon spontan ein Hostel suchen will – »ist nie ein Problem« –, ist das plötzlich doch ein Problem. Er ist mit Surfboard und Gepäck für mehrere Wochen unterwegs, kann also nicht einfach ausgehen und durchmachen, was ja sonst die beste Lösung in solchen Situationen ist, jedenfalls für junge Leute. Also ruft er mich an. Ich sage, frag' doch im »Corpo Santo« (dort haben wir für die nächsten beiden Nächte Zimmer reserviert). Sie reagieren supernett. Sie haben zwar kein Zimmer mehr, nicht mal eine Kammer, aber sie nehmen sein Riesengepäck sehr gern, schließen es weg, und bieten an, dass er sich in einem Sessel in der Lobby zusammenrollt. Möchte er nicht, denn nun kann er ja ausge-

hen. Und das funktioniert sehr gut vom »Corpo Santo« aus, es liegt mitten im Lissabonner Nachtleben, Musik aus allen Richtungen, als wäre die ganze Stadt auf den Beinen, an Schlaf vor Mitternacht ist sowieso nicht zu denken. Am nächsten Morgen geben sie ihm vor der normalen Eincheckzeit ein Zimmer. Und in der Früh kann man im »Corpo Santo« ganz hervorragend schlafen, zu den Geräuschen einer langsam erwachenden Stadt. Was auch supernett in diesem Hotel ist: Den ganzen Tag kann man sich Grapefruitsaft, Eistee und kaltes Wasser aus Glasballons zapfen. Abends gibt es in der Lobby kleine Überraschungen, Popcorn aus einer Popcorn-Maschine, Schokofondue mit frischem Obst, Marshmallows, Minimuffins. Und beim Frühstück liegen Stoffservietten auf den Tellern. GH

Lissabon

Corpo Santo Hotel,
Largo do Corpo Santo 25,
1200-129, Lissabon, Portugal,
Tel.: +351 218 288 000,
www.corposantohotel.com,
DZ ab 150 Euro

Ferrara hatte ich auf dem Weg in Richtung Bologna immer links liegen gelassen. Wie blöd von mir. Nun habe ich drei wunderbare Tage im Herbst allein in der kleinen Renaissancestadt verbracht, deren rote Ziegel wie in Bologna leuchten. Habe gelesen, den Wasserpalast besucht, die Fresken im Palazzo Schifanoia, bin ins alte Rathaus spaziert. Bin Fahrrad gefahren in der Fahrradstadt, in der ein Drittel der Leute mit dem Rad zur Arbeit fährt. Acht Kilometer, einmal herum, kann man auf oder neben der restaurierten Stadtmauer fahren, Ferrara ist wirklich beschaulich. Es gibt sogar einen Bauernhof innerhalb der Stadtmauer: Principessa Pio, mit kleinem, guten Restaurant. Es fällt schwer, in Ferrara schlecht zu essen. Habe dennoch ein Lieblingslokal erkoren: »Trattoria da Noemi«. Die Mutter am Herd, der Sohn im Service, ein paar Tische in der Gasse. Auf der Karte Cappelletti mit Tintenfisch, in

Hotel Annunziata

Ferrara

der Suppe oder mit Trüffel. Cappelletti erinnern an einen Bauchnabel. Um ein Land, das 1000 verschiedene Pastanamen kennt, braucht man sich wirklich keine Sorgen zu machen. Dazu noch an die 370 autochthone Rebsorten: Man trinkt am besten Albana-Weißwein in Ferrara. Ach ja, das Hotel: einfaches Stadthotel, bequem, ruhig, liegt mittendrin mit Blick auf das Wasserschloss, auf der Rückseite des Rathauses, um die Ecke vom Sitz des Erzbischofs. Der residiert im ersten Stock und hat das gesamte Erdgeschoss lukrativ an Boutiquen, Bars und Cafés vermietet, aber jetzt beschwert er sich immer über den Krach unten. Ich liebe Italien. LR

Hotel Annunziata, Piazza della Republica, 5, 44121 Ferrara, Italien, Tel.: +39 0532201111, www.annunziata.it, DZ ab 100 Euro

Kalamata Art Hotel

Fragen Sie mal eine Freundin, ob sie mit will nach Kalamata in den Badeurlaub. Wenn sie den Namen der Stadt überhaupt schon mal gehört hat, dann höchstwahrscheinlich, weil es dort am Peloponnes die Kalamata-Oliven gibt. Ansonsten wird sie wohl »Hä?« fragen. Dabei hat Kalamata 70 000 Einwohner, eine ziemlich schöne Altstadt, einen 2,5 Kilometer langen Hauptstrand an der sauberen Ägäis, Liegestühle, Sonnenschirme, Hotels und hübsche Cafés an der Promenade. Einige hundert Meter weiter, im modernen Teil der Innenstadt, liegt in der Fußgängerzone das »Art Hotel«, zweiter Stock, sechs Zimmer, davon vier Appartements, alle mit Balkon. Ein Segen für die meisten, für andere ein Fluch: Denn ist am Sommerabend die Hitze nicht mehr unerträglich, flanieren die Griechen in großer Zahl und laut palavernd durch die Fußgängerzone. Die Appartements sind zugleich modern und traditionell griechisch, Kunst an den Wänden, großes Bad, eine Küche mit Spülstein, Elektroherd, Wasserkocher, Esstisch. Und am Empfang besonders nette Leute. Morgens kann man im tollen Lokal nebenan frühstücken. Ich empfehle aber, am Ausgang

Kalamata

links zu gehen, über die Straße, und bei »Athanasiou« einen hervorragenden Kaffee zu trinken. Weil »Athanasiou« eine Kette mit Süßspeisen aller Art ist, kann man einfach irgendetwas probieren. Jedes Teilchen ist sehr süß und schmeckt so großartig, dass man noch Jahre später davon träumen wird. SL

—— Kalamata Art Hotel, Mitropetrova 12, Central Square, 24133 Kalamata, Griechenland, Tel.: +30 2721 02 71 51, www.kalamataarthotel.com, Appartements oder DZ ab 45 Euro

Als der Komponist Ludwig van Beethoven zwei Jahre lang im Theater an der Wien arbeitete, hinter einem Tor, das heute Papageno-Tor heißt, da gab es das Gebäude gegenüber aus der Gründerzeit noch nicht. Es war erst Wohnhaus, nach dem Krieg dann Stundenhotel. Seine beste Zeit erlebt es erst, seit die aktuelle Besitzerin die 47 Zimmer nach und nach renovierte. Jede Etage erinnert an eine Wiener Epoche, jedes Zimmer an eine andere Persönlichkeit – die Kaffeehausliteraten Joseph Roth, Karl Kraus und Hugo von Hofmannsthal findet man im ersten Stock, Beethovens Zeitgenossen

Hotel Beethoven

Wien

Hotel Beethoven, Papagenogasse 6, 1060 Wien, Österreich, Tel.: +43 1 587 448 20, www.hotel-beethoven.at, DZ ab 120 Euro

im dritten, die herausragenden Frauen des Fin de Siècle, wie etwa Bertha von Suttner, im sechsten. Die Besitzerin Barbara Ludwig hat Erbstücke ihrer Familie integriert, etwa den Bösendorfer Flügel ihrer Mutter Sissy, einer Pianistin, und die Bibliothek ihrer Eltern. Ludwig hat stilsicher historische Tapeten und Möbel rekonstruieren lassen. Über der Treppe hängt ein riesiges Foto des Wiener Künstlers Lois Renner, Barbara Ludwig führte einmal eine Fotoagentur. Kammermusikkonzerte finden im ersten Stock statt, Jazz und Gesang in der »Ludwig-Bar«. Im Gedenken an die Geschichte des Hauses kann man dort auch das Kombi-Angebot »Do-not-disturb« erstehen: zwei Champagnercocktails auf aphrodisierender Pussanga-Basis und die anschließende Nacht auf dem Zimmer für 140 Euro. Aber ebenso gut können die freundlichen Damen und Herren an der Rezeption ein paar Eintrittskarten für die Museen und Theater in der Umgebung organisieren. Leiwand. LR

Hotel Cort

Städte auf Inseln haben es schwer. Wer fliegt schon auf eine Insel, um dann Städteurlaub zu machen? Man kommt ja wegen des Meeres drumherum. Den Inselstädten nähert man sich nicht mit Reiseführer, Straßenkarte und gezückter Spiegelreflexkamera, sondern in Flipflops und mit Sand zwischen den Zehen, man kauft schnell Sonnenmilch und vielleicht ein kühles Bier, um dann wieder zum Strand zu fahren. Diese unterschätzten Inselstädte gibt es überall auf der Welt, etwa La Laguna auf Teneriffa, Den-pasar auf Bali oder Honolulu auf Hawaii – und Palma de Mallorca. Wer auf der Insel Mallorca landet, bricht meistens sofort auf in die Ecken, die gemeinhin zu den schönsten erklärt werden. Aber die schönste Ecke von Mallorca ist: seine Hauptstadt Palma. Anders als es die Legende will, führt dort nicht jeder Mensch, dem man begegnet, einen Sangria-Eimer an den Lippen. Und mittendrin liegt das »Hotel Cort«, an der gleichnamigen Plaça, direkt vor einem 800 Jahre alten Olivenbaum, der

Palma

im Sommer Schatten und im Winter Windschatten bietet. Die Einrichtung im »Cort« verbindet mallorquinische Lässigkeit mit britischem Club-Stil: weißes Holz, Leder und blauweiße »Telas de Lenguas« – die typischen gemusterten Stoffe der Insel. Es ist ein modernes Hotel mit einer Bar, in die auch Einheimische kommen, und einem Restaurant, das auch flanierende Touristen betreten – und das Selbstbewusstsein, das dieses Hotel ausstrahlt, ist das eines Stadthotels. TM

—— Hotel Cort, Plaça de Cort 11, Palma, Mallorca, Spanien, Tel.: +34 971 21 3300, www.hotelcort.com, DZ ab 185 Euro

Am meisten vermisse ich am Unterwegssein das Ankommen. Genauer: das Öffnen des Fensters im Hotelzimmer. Ich reiße es sperrangelweit auf. Das funktioniert wie eine Druckschleuse. Dann entknittert man sich von der Reise. Zieht den Bettschal von der Decke, legt sich hin. Man hört die fremden Geräusche oder erinnert sich wieder an sie. Riecht das Andere. Wird eingeatmet von der Stadt. Könnte ich mich entscheiden für ein Hotelzimmer, in das ich jetzt gleich treten dürfte, es wäre das namens »Venere«, eines von fünf in der Pension »A Tras-

A Trastevere da M.E.

tevere da M.E.« in Rom. Es hat einen Balkon, von dem aus man auf die Überreste einer Mauer aus der Zeit des Kaisers Augustus schaut. Die Sonne glüht zurück von den alten Steinen, dahinter, über den Dächern von Roms

A Trastevere da M.E., Piazza Sidney Sonnino 25, 00153 Rom, Italien, Tel.: +39 06 45 42 96 47, www.atrasteveredame.it, DZ ab 99 Euro

Rom

trotzigstem Viertel Trastevere, klappert das Leben. Es dämmert. Wo nehmen wir den Aperitif? Im »Freni e Frizioni«. Wo speisen wir? In der »Trattoria Da Enzo al 29«. Wie viel Glück haben wir? Unendlich. Beim Trinken und Essen braucht es hier kein Glück. Elisa und Michaela (deswegen »da M.E.«) Ferrini wissen präzise, wohin man gerade gehen sollte, liegt alles um die Ecke. Die beiden Cousinen betreiben ihre gar nicht schnickschnackigen Gästezimmer in einem prächtigen Mehrparteienhaus, das Anfang des 20. Jahrhunderts ihr Großvater errichtete. Man ist sozusagen wirklich bei ihnen zu Hause, aber das trifft es nicht. Man ist ja nicht in Trastevere zu Hause. Viel besser: Das Fenster, das die Cousinen einem öffnen, erlaubt den Traum, wie es wäre, es zu sein. PB

The Hoxton

Paris

Auf den Fotos sah es traumhaft aus: Ein »Designer-Loft für vier Personen« über zwei Etagen, mit Mid-Century-Möbeln und Kopfsteinpflaster-Innenhof im 3. Arrondissement. Wir mussten zu dritt nach Paris, und genau dort wollten wir wohnen. Denn in Appartements unterzukommen war damals, vor Airbnb, noch exotisch und günstig, und Gäste wie wir waren noch herrlich naiv. Das »Loft« entpuppte sich als ein winziger Ess-/Wohnbereich mit Schlafempore darüber. Wenn die Ausziehcouch ausgeklappt war, lagen wir wie im versetzten Etagenbett. Aber »der Schuhkarton«, wie wir ihn seitdem nennen, bescherte uns im Nachhinein die lustigste Zeit in Paris. Weil es keinen Schrank gab, spannten wir ein Seil durch den Raum und fragten in einer Reinigung nach Kleiderbügeln. Den Tisch stellten wir zum Frühstück verbotenerweise in den Innenhof. Im Pariser Hotel »The Hoxton« sagen sie immerhin von vornherein, wie es ist: Die kleins-

The Hoxton, 30–32 Rue du Sentier, 75002 Paris, Frankreich, Tel.: +33 185 65 75 00, www.thehoxton.com, DZ ab 319 Euro

te Zimmeroption heißt »Shoebox«. Neun Stück gibt es davon, die genauso toll eingerichtet sind wie die größeren Zimmer und mit 13 bis 17 Quadratmetern kaum kleiner als andere Hotelzimmer in dieser Stadt. Außerdem stehen diverse erweiterte Wohnzimmer zur Verfügung: das Café mit Sesseln und Sofas im großen Innenhof, die Weinbar »Planche« oder, die ruhigste Option, »Jacques' Bar« im zweiten Stock. Das Interieur mit den bunten Blumentapeten ist angeregt von Yves Saint Laurents Jardin Majorelle in Marrakesch. Ein Schuhkarton mit Garten – traumhaft. SW

Regensburg ist so bezaubernd, eigentlich ist es egal, wo man schläft. Dagegen spricht ein Ort, der die mittelalterliche Kopfsteinpflastergeborgenheit dieser Stadt so verinnerlicht hat, dass man unbedingt dort übernachten sollte: das »Hotel David«, in dem man sich tatsächlich vorkommen kann, als hätte es die vergangenen paar hundert Jahre nicht gegeben (ohne auf den Komfort des 21. Jahrhunderts verzichten zu müssen). Das Gebäude beherbergte im 12. Jahrhundert eine Kapelle, danach herrschaftliche Biedermeierwohnungen, irgendwann war es eine Bruchbude – und wurde sehr liebevoll saniert: Heute geht man auf Originalholzböden und blickt von den (extrem bequemen) Betten auf historische, mit

Hotel David

Skalpell und Pinsel freigelegte Wandmalereien. Im »David« kann man sich ganz elegant durch ein paar Jahrhunderte schlafen. Auch liegt das Hotel

fast neben der historischen »Wurstkuchl«, in der es seit ein paar Hundert Jahren die besten Bratwürste Deutschlands gibt. Fragen Sie, ob das Zimmer 41 frei ist, mit den Dachbalken, die charmant und praktisch sind: zum Handtuchdrüberwerfen. Auf der einen Seite blickt man auf den Dom, auf der anderen auf die fast 900 Jahre alte Steinerne Brücke und die Donau. Ach ja, das »David« hat noch einen großen

Regensburg

Bruder in der Parallelstraße: das »Hotel Goliath«. Da kann man alles machen, was die sakrale Atmosphäre im »David« nur stören würde: feudal frühstücken, in der Sauna schwitzen, vor dem Haus ein Glas Wein trinken und sich fragen, ob eigentlich noch der Nachtwächter mit Hellebarde und Laterne vorbeikommt. TH

Hotel David, Goldene-Bären-Straße 7, 93047 Regensburg, Tel.: +49 941 200 09 00, www.hotel-david.de, DZ ab 139 Euro ohne Frühstück

Seit die Band dEUS 1994 ihr Debütalbum »Worst Case Scenario« herausbrachte, wollte meine Frau deren Heimatstadt Antwerpen sehen. Im Februar 2022 haben wir es geschafft. Wobei sie an den ersten elf Jahren unerfüllter Antwerpen-Sehnsucht selbst schuld ist – aber seit wir uns 2005 kennengelernt haben, stand ich Belgien im Weg. Italien war näher, Portugal hat höhere Wellen, Österreich besseren Schnee, Costa Rica mehr Papageien. Mit 28 Jahren Verspätung wurde uns nun bewusst: Mist, man muss wirklich mal in Antwerpen gewesen sein.

Yust Antwerpen

Lassen Sie das Buch fallen oder legen Sie das Handy aus der Hand und rennen Sie zum nächsten Bahnhof! Na gut, hier noch einige handfestere Argumente für ein Wochenende in Antwerpen: Ich kenne keine Stadt, die pro Einwohner (rund 500 000) so viele süße Geschäfte hat. Es gibt lauter nette Straßen voller Läden und Restaurants und obendrein eine riesige Fußgängerzone. Keine Ahnung, woher die vielen Menschen kommen, die das alles einkaufen. Der Hafen ist sehenswert, das neue Museum dort ebenso. Außerdem ist Antwerpen berühmt für Schokolade, Pommes und Diamanten (wegen zu viel Pommes hatten wir kein Geld für Diamanten übrig). Und da ist ein Hotel, das mit dieser Stadt mithalten kann: das »YUST«. Es ist voll toller Designerstücke, bunt, lebendig, überraschend, smart, umweltfreundlich, das Hotelrestaurant ist super. Nur eines kann man Antwerpen vorwerfen: Brügge ist zu weit weg, da will meine Frau seit 2008 hin, seit dem Kinofilm »Brügge sehen ... und sterben?« Nächstes Jahr dann. MB

YUST, Coveliersstraat 6, 2600 Antwerpen, Belgien, Tel.: +32 3 302 30 20, www.yust.com, Hostel-Bett ab 30 Euro, DZ ab 109 Euro, Appartement ab 1250 Euro pro Monat

H15

Welche Ränke wurden hier geschmiedet? Welche Bösartigkeiten depeschiert? Man mag es sich nicht vorstellen und muss es doch immerzu, in eine Suite des »H15« in Warschau gefläzt. Viele Häuser haben eine Geschichte, aber wenige eine wie dieses. Vor dem Ersten Weltkrieg traf sich hier die Unabhängigkeitsbewegung, um für ein freies Polen zu kämpfen. Daraus wurde nichts, die Sowjetunion folgte, die den Prachtbau zur Botschaft machte. Weil aber Jugendstil nicht sehr bolschewistisch wirkt, ließ man Hämmer und Sicheln dazuklöppeln, die bis

H15 Boutique Hotel, Poznanska 15, 00-680 Warschau, Polen, Tel. +48 22 553 87 00, www.h15-boutique.com, DZ ab 140 Euro

heute von der Decke hängen. Eine sozialistische Fassade also. Es zogen Wehrmacht, die Volksrepublik Polen, eine Reederei ein, aber das führt zu weit. Was bleibt, ist das Gefühl, diese Mauern haben Geschichte belauscht. Wusste Botschafter Yakov Davydov, dass er auf Stalins Todesliste stand? In welcher Stimmung waren die Kommandeure der Wehrmacht, als sie hier die Zerstörung Warschaus befahlen, die Nummer 15 der Poznanska verschonen wollten? Dabei drängt das »H15« die Vergangenheit dem Gast nie auf. Nirgends Fotos in Schwarz-Weiß, nirgends vergilbte Urkunden. Stattdessen: Designerchic, kontrastreich arrangiert. Das, was hier passiert ist oder sein könnte, entsteht im Kopf. Abends, wenn man sich in der Bar durch die Wodkalandschaft trinkt. Ist doch nur ein Haus, denkt man. Nur ein Haus. Aber was für eins! MH

Warschau

»Darf ich Ihnen ein Glas Portwein anbieten?« Mit dieser, zugegeben, für die Stadt Porto nicht absurd ungewöhnlichen Frage empfängt Margarida Oliveira ihre Gäste in der »Pensão Favorita«. Es empfiehlt sich, der Einladung zu folgen, im Salon Platz zu nehmen und sich mit dem Portwein in der Hand von der Hotelmanagerin ihre Stadt erklären zu lassen. Viel hat sich in Porto verändert, seit

Pensão Favorita

die Billigfluglinie Ryanair die portugiesische Hafenstadt ansteuert und Kreuzfahrtschiffe ankern. Charmant ist Porto wie eh und je, aber Orte, an denen man den vielen Tagesgästen entkommt, sind seltener geworden. Daran wird auch Corona auf Dauer nichts ändern. Die »Pensão Favorita« ist so ein Zufluchtsort. 2010 wurde das herrschaftliche Haus aus dem 19. Jahrhundert in eine Pension mit zwölf Zimmern umgebaut. Es gibt nicht viele Unterkünfte, in denen alles so harmoniert wie hier. Da ist der Salon mit den tiefen Sofas,

Porto

die Hausbar für alle und die Musik von Bob Dylan vom Schallplattenspieler. Der Garten mit den urwaldartigen Pflanzen und die große Terrasse für kleine Speisen. Und die hübschen Fliesen im Badezimmer mit der dazu passenden edlen Decke auf dem Bett. Jedes der Zimmer ist anders eingerichtet, geschmackvoll sind sie alle. Als »liebevoll cool« könnte man den Stil der »Pensão Favorita« beschreiben. Das betrifft auch die Frühstückszutaten, das köstliche Früchtebrot sollte man sich nicht entgehen lassen – und bald ist ja auch schon wieder Zeit für ein Glas Portwein. LW

Pensão Favorita, Rua Miguel Bombarda 267, 4050-381, Porto, Portugal, Tel.: +351 220 13 41 57, www.pensaofavorita.pt, DZ ab 100 Euro

My Place

Ein gutes Hotel in einer Stadt zu finden, in der man mal gelebt hat, ist die schwierigste Form der Hotelsuche, für mich zumindest. Denn die Ansprüche sind hoch: Ich bin an diesem Ort ein Zuhause gewohnt, und überall warten Erinnerungen, die entweder umarmt oder umgangen werden wollen. Die zu umarmenden Erinnerungen ballen sich in meinem Fall in Hamburg rund um das Schanzenviertel. Genau hier liegt das Hotel »My Place« (nicht zu verwechseln mit dem gleichnamigen Storage-Unternehmen) von Ingrid Domann und ihrer Tochter Julia. Die 15 Zimmer sind schlicht und stilvoll. Nach langer Anreise freut man sich über das Astra im Kühlschrank und die French Press, die samt Kaffeepulver im Regal bereitsteht. Einen Jubelschrei löst dann die freistehende Badewanne im Schlafzimmer aus – die hatte ich nicht erwartet. Das Frühstück am nächsten Morgen

ist nicht üppig, aber gut. Groß ist die Auswahl von losem Tee. Die Lage ist für meine Zwecke unschlagbar: An der nächsten Ecke findet sich das »Café Unter den Linden«, in dem ich eine Freundin zum Kaffeetrinken treffe. Die Juliusstraße runter, auf dem Schulterblatt, teilen wir uns später einen gegrillten Fisch mit Zitrone bei »Schabi's«, am Abend treffe ich den vermissten Freundeskreis zum Essen im »Carmagnole« (in der Saison unbedingt Muscheln essen). Für den letzten Mexikaner der Nacht gegenüber ins »Le Fonque« – und schon ist fast alles wieder so schön wie damals, in dieser kalten Dezembernacht, als alles neu anfing. MN

Hamburg

My Place, Lippmanstr. 5, 22769 Hamburg, Tel.: +49 40 28571874, www.myplace-hamburg.de, DZ ab 109 Euro

Sollten Sie zu Mutproben neigen, für Applaus alles machen oder angetrunken häufig auf blöde Ideen kommen, dann suchen Sie sich in Porto bitte eine andere Unterkunft als das »The House of Sandeman«. Denn zwei Gehminuten entfernt steht die berühmte Brücke Ponte Dom Luís I. Von dieser Brücke springen tollkühne Jugendliche für ein paar Euro vor den Kameras der Touristen ins Wasser. Die Brücke ist 60 Meter hoch, gesprungen wird aber auf Höhe der unteren Fahrbahn, geschätzt 15 Meter geht es da hinab. Immer wieder klettern übermütige Touristen ebenfalls aufs Geländer und stürzen sich runter. Den Aufprall übersteht man schon, aber der zum Meer führende Fluss hat starke Strömungen, die Einheimische kennen, Sie aber nicht.

The House

Vila Nova de Gaia

The House of Sandeman, Largo Miguel Bombarda 3, 4404-507 Vila Nova de Gaia, Portugal, Tel.: +351 221 127 221, www.thehouseofsandeman.pt, DZ ab 132 Euro, Schlafsaal-Bett ab 18 Euro

Abgesehen davon sollten Sie unbedingt mal im »House of Sandeman« übernachten. Das Hotel liegt so malerisch am Ufer des Douro, dass man im Zimmer vor dem Auspacken erst mal minutenlang die hübschen Gebäude der Altstadt gegenüber fotografiert. Das »Sandeman« ist zugleich ein bezahlbares Boutique-Hotel und ein ebenso schickes Hostel, mit günstigen Gruppenzimmern und stylischen Stockbetten. Im gemeinsamen Frühstücksraum kann man sich prima entspannen und abends mit einer älteren Dame portugiesische Gerichte kochen. Das »House of Sandeman« gehört übrigens zum alteingesessenen Portwein-Produzenten Sandeman, probieren Sie gern ein Glas, oder zwei – aber lassen Sie dann bitte die Finger von der Badehose. MB

# of Sandeman

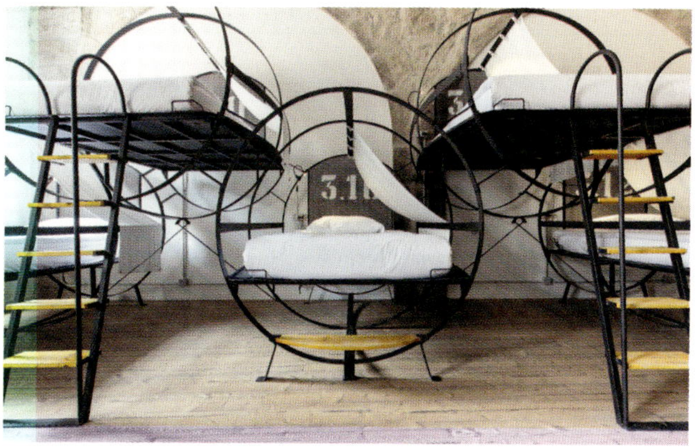

Ich tue Stuttgart möglicherweise unrecht, wenn ich behaupte, dass »Der Zauberlehrling« ein Gegenentwurf zur Stadt ist: eigentümlich, liebevoll, verspielt, bunt. Ich kenne Stuttgart nicht gut. Was ich kenne, ist die Baustelle, die mich jedes Mal anschreit, wenn ich am Hauptbahnhof ankomme. Deshalb tue ich Stuttgart sicher nicht unrecht, wenn ich zumindest behaupte:

Zauberlehrling

Dieses außergewöhnliche Hotel in einer hübschen Altstadtgasse ist das Gegenteil des ersten Eindrucks, den Stuttgart hinterlässt, wenn man sich durch die Wüste aus Kränen und Betonteilen kämpft. »Der Zauberlehrling« heißt so, weil sein Gründer Axel Heldmann vor vielen Jahren Germanistik studiert hat und weil dort, wo sich heute ein Gourmetrestaurant befindet, dem Axel Heldmanns Sohn Fabian längst einen Michelin-

Designhotel Restaurant Kochschule Der Zauberlehrling, Rosenstraße 38, 70182 Stuttgart, Tel.: +49 711 237 77 70, www.zauberlehrling.de, DZ ab 190 Euro

Stuttgart

Stern erkocht hat, eine Besenwirtschaft war. »Besen! Besen! / Seids gewesen!«, Sie kennen das. Zum Restaurant gesellte sich später das Hotel im selben verwinkelt-knarzigen Haus. Was früher Sozialwohnungen waren, sind nun andere Welten: Jedes Zimmer trägt ein Motto, »1001 Nacht« etwa oder »Wolke 7«, und wurde von Axel Heldmanns Frau Karen mit Möbeln und Kunstwerken aus aller Welt ausgestattet. Das Frühstück serviert die Familie Heldmann, deren drei Kinder allmählich den Betrieb übernehmen, in der »Wunderkammer« im Haus gegenüber. Das Café steht allen offen und sei besonders jenen empfohlen, die sich nach der Zug-Ankunft in Stuttgart nach Gemütlichkeit und Farbe sehnen. SP

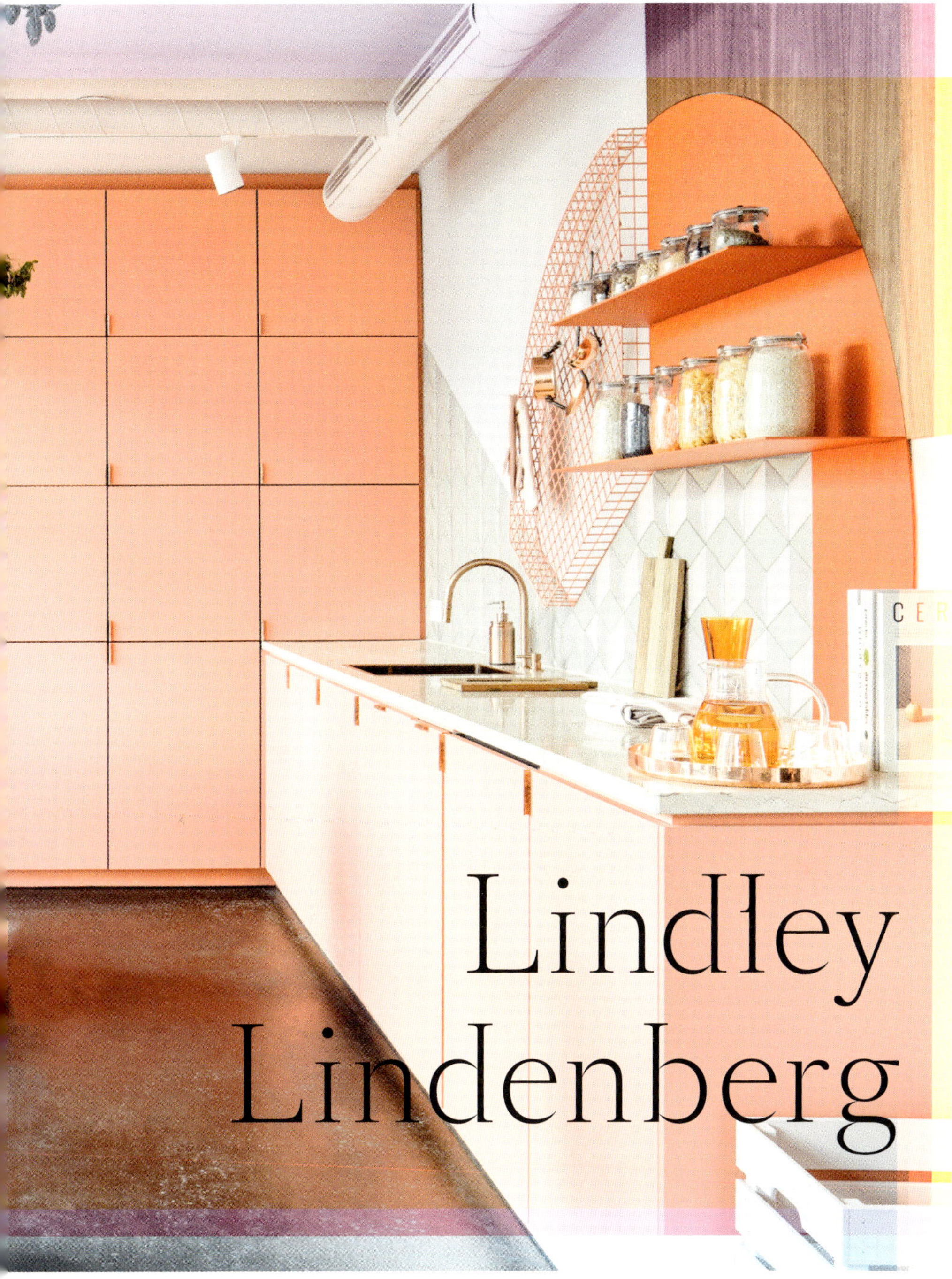

Lindley Lindenberg

War noch nie allein in einer Hotelbar hängen geblieben. Da schon. »Sugar Man« lief, das ganze Album. Die Kellner lustig, aber nicht aufdringlich, die Gäste international. Neben der Bar eine Küche: komplett eingerichtet, der Kühlschrank voll mit Nudeln, Pesto, Käse, Kräuter aus Indoor-Anbau im Haus oder der eigenen Permakultur im Taunus, für Bier und Wein macht man Striche neben seinen Namen. Die Leute kochen da und setzen sich hin. Wie in einer WG. Ist ja auch eine: »Gästegemeinschaft« nennt der Betreiber seine drei Hotels. Zehn Prozent der Zimmer werden an Dauermieter vergeben, obwohl das weit weniger bringt, als sie normal zu belegen. Es gibt auch ein ordentliches, vegetarisches Restaurant im Erdgeschoss. Außerdem die »Gute Stube« mit Bibliothek und Plattensammlung, den »Kräuterraum« mit Indoor-Farming – und meinen Lieblingsraum, den »Baumraum«. Da wollte man wirklich einen Baum ins Haus

stellen, aber das hat nicht geklappt. Jetzt wird zwischen Sträuchern gelesen. Die Zimmer: winzig. Ein Haken, kein Schrank, Dusche, keine Badewanne. Erstaunlich, wie wenig man braucht. Auf dem Fernsehbildschirm grüßen Frauen aus Sierra Leone, Näherinnen, die die Kissenbezüge, Beutel und Schlappen im Zimmer angefertigt haben. Müsste ich mal allein nach Frankfurt ziehen (Gott bewahre!), dann bitte hierher. Der Name des Hotels stammt übrigens aus dem Roman »Der unsterbliche Mr. Lindley«, in jedem Zimmer liegt eine Ausgabe.

LR

Frankfurt am Main

Lindley Lindenberg, Lindleystraße 17, 60314 Frankfurt am Main. Tel.: +49 69 506 08 60 50, www.thelindenberg.com, DZ ab 99 Euro

Weil Freundschaften so wertvoll sind, darf man das ruhig mal feiern, zum Beispiel mit einem gemeinsamen Wochenende in Zürich. Dem Anlass entsprechend gut aufgehoben ist man im »Signau House«, denn dass sich in der Stadtvilla, 1912 erbaut, heute ein Hotel befindet, verdankt man gleich mehreren Freundschaften. 2018 kümmerten sich drei Freunde um die Renovierung und richteten darin

ein kleines Hotel ein. Geführt wird das Haus von zwei Freundinnen: Regula Brucker und Suzanne Gross. Beide hatten aufregende und anstrengende Jahre in Gastronomie und Hotellerie hinter sich und wollten ruhiger treten, aber dann verliebten sie sich in die Villa mit großem Garten, unabhängig voneinander, wie Seelenverwandte. Das vertraute Gefühl springt auch auf die Gäste über: Schon beim Eintreten fühlt man sich, als käme man zu Freunden nach

Signau House Zürich

Hause. Kurz frischmachen in einem der neun Zimmer, die mit Antiquitäten und Designklassikern bestückt sind, um dann im Kaminzimmer aufeinander anzustoßen. Ein Restaurant gibt es nicht, dafür ein Kino mit 25 Plätzen. Hier saßen schon Juliette Binoche und Martin Scorsese, aber wer

braucht schon Hollywood-Stars, wenn man mit seinen Freunden einen Film gucken und kommentieren kann? Am nächsten Morgen beim ausladenden Frühstück auf der weißgetäfelten Veranda freut man sich, in die zerknautschten Gesichter so vertrauter und geschätzter Menschen zu schauen. Ein weiteres Kapitel Freundschaftsgeschichte. JR

Hotel Signau House, Signaustraße 6, 8008 Zürich, Schweiz, Tel.: +41 44 201 96 96, www.signau-house.com, DZ ab 200 Euro

Wem gehört eigentlich ein Hotel? Üblicherweise sind das ein, zwei Inhaber, vielleicht eine Familie, oder große Unternehmen, die in verschiedenen Städten die Unterkünfte betreiben. Ganz anders beim »Hotel Baseltor« in Solothurn. 1978 gründeten hier »lokale Idealisten«, wie sie sich heute selbst beschreiben, die Genossenschaft Baseltor, ein Kultur- und Gastro-Kollektiv. Ihr erster Präsident war der Schweizer Bildhauer Schang Hutter. Sie wollten damit nicht weniger als die Gesellschaft verändern. Entscheidungen fanden sie sonntags in basisdemokratisch organisierten Vollversammlungen. Mehr als 40 Jahre später gehören zur Genossenschaft etwa 120 Mitarbeitende, fünf Hotel- und Restaurantbetriebe. Die Gewinne kommen den Mitarbeitenden zugute oder werden in die Betriebe reinvestiert. Die 17 Zimmer des Hotels finden sich verteilt über vier Altstadthäuser. Weiche, gedämpfte Farben, Dielenböden aus Eichen- oder Tannenholz und schlicht gehaltene Bäder prägen die verwinkelten Räume. Im Restaurant gibt es Slow Food, serviert werden

Hotel Baseltor

Solothurn

mediterran und orientalisch angeregte Gerichte. Dafür haben sogar die Tester vom »Gault&Millau« Punkte gegeben, zwölf von 20 möglichen. In den Zimmern fühlt man sich so wohl, dass man eine Hausbesetzung oder, besser gesagt, eine Design-Loft-Besetzung planen möchte. Ein wochenlanger Protest-Aufenthalt, – dagegen können die Genossenschaftler, viele aus der Generation der 68er, doch nichts haben! TA

—— Hotel Baseltor, Hauptgasse 79, 4500 Solothurn, Schweiz, Tel.: +41 32 622 34 22, www.baseltor.ch, DZ ab 164 Euro

Jugendherberge
Basel

Jugendherberge Basel, Maja Sacher-Platz 10, 4052 Basel, Schweiz, Tel.: +41 61 272 05 72, www.youthhostel.ch/de/hostels/basel, DZ ab 72 Euro pro Person

In einer Jugendherberge habe ich gelernt, wie man ein Bett bezieht. Von der wunderschönen großen Schwester einer Freundin. In einer Jugendherberge habe ich zum ersten Mal das Gefühl gehabt, dazuzugehören, als die Älteren, also die Zwölfjährigen, mich, die Neunjährige, mit ihnen an der Tischtennisplatte abhängen ließen. In einer Jugendherberge habe ich verstanden, wie nah Romantik und Tragik beieinanderliegen, als ein 16-jähriger Betreuer dem Mädchen, das mir das Bettenbeziehen beigebracht hatte, mit »Alles aus Liebe« von den Toten Hosen seine Gefühle gestand. Sie hatte leider nicht mehr für ihn übrig als eine Ohrfeige. Jugendherbergen sind die Tankstellen auf der Transitstrecke in Richtung Leben. Man kommt nach jedem Stopp ein paar entscheidende Meter weiter. Aber schön waren die Jugendherbergen meiner Vergangenheit in Jever, Norddeich

und Esens-Bensersiel nicht. Im Gegensatz zur Jugendherberge Basel, in die es die üblichen lärmenden Jugendlichen und Großfamilien zieht, aber tatsächlich auch Menschen mit Liebe zu moderner Architektur. Erst recht, wenn im Juni in der Stadt die wichtigste Kunstmesse der Welt, die Art Basel, stattfindet. Denn für denjenigen, der den ganzen Tag Kunst guckt, sind die Doppelzimmer eine Erholung: Man schläft inmitten eines Betonwürfels auf geradlinigem Eichenmobiliar und damit in der ästhetisch gelungensten Zelle, die man sich wünschen kann. Kein Bild, keine Deko, nichts, was reizt. Eine Tischtennisplatte gibt es zum Glück trotzdem. MN

»Be prepared, I will change your life«, sagte der Engländer und reiste ab. Es war das Jahr 1997, und Andreas Becker hatte mit Bekannten gerade ein kleines Hostel in der Straße »Am Zirkus« aufgemacht. Mit 5000 Euro, wenig Plan und einem auf zwölf Monate begrenzten Zwischennutzungsrecht. Sie besorgten Kloschüsseln und Fenster auf Flohmärkten und strichen die Wände selbst, dann war das Geld weg. Es gab viel Improvisation – aber dafür auch viel Herzblut und geheime Techno-Clubs um die Ecke. Berlin war noch günstig und hatte richtig Bock. Einer der ersten Gäste war nun dieser Engländer, der mit dem Hotelpersonal sieben Tag lang feiern ging und sich verabschiedete mit der Prophezeiung, dass etwas Großes passieren werde. War nicht gelogen. Er schrieb nämlich am ersten Lonely Planet Berlin-Reiseführer mit, empfahl das Hostel dort als coolstes der Stadt und eigentlich gleich der Welt – plötzlich standen 150 Leute vor der Tür, Tag für Tag, aus Prag, London, Wien. Und jetzt im Zeitraffer bis ins Jahr 2021: Aus der Zwischenmiete wur-

Berlin

The Circus, Rosenthaler Straße 1, 10119 Berlin, Tel.: +49 30 20 00 39 39, www.circus-berlin.de, DZ ab 120 Euro, Hostel ab 19 Euro, Appartements für 2–6 Personen ab 150 Euro

The Circus

de eine dauerhafte Nutzung. Das Hostel zog um in die Rosenthaler Straße, ein Hotel und ein Appartementhaus folgten. Wodurch »The Circus« Andreas Becker zufolge der einzige Betrieb in Europa ist, wo man ebenso für 25 Euro wie für 500 Euro schlafen kann. In der Pandemie gleichen die Appartements fehlende Buchungen im Hostel aus, die Zeit wurde für stylische Renovierungen genutzt. Die anarchischen Partyjahre sind vorbei, aber »hier ist es immer noch quirlig«, sagt Becker. MB

Das »Hôtel Paradis« steht bestimmt in der Rue de Paradis, müsste man vermuten. Aber naja, beim Namen haben sie hier ein bisschen geschummelt. Es liegt einen Häuserblock entfernt, in der Parallelstraße Rue des Petites-Écuries. »Hotel zu den kleinen Pferdeställen« würde auch gut klingen, aber eben nicht ganz so sehr nach Sehnsuchtsort. Namenspsychologisch passiert beim Paradies einfach mehr im Kopf. Und dieses kleine Hotel kommt seinem Namen recht nah. Die Zimmer sind ruhig, nicht zu klein, nicht zu teuer, zumindest für Pariser Verhältnisse, und ausgesprochen hübsch einge-

Hôtel Paradis

richtet. Mit großer Wahrscheinlichkeit möchte man nach dem Aufenthalt seine Wände zu Hause mintgrün streichen. Wer es sich leisten kann, bucht ein Zimmer

unter dem Dach mit kleiner Sitzecke und Blick auf Sacré Coeur. Im 10. Arrondissement ist man mittendrin im Ausgehschlaraffenland: Gleich nebenan befinden sich

Paris

der Mini-Italiener »La Graziella« und die Bar »Deviant« mit der größten Weinauswahl weit und

Hôtel Paradis Paris, 41 Rue des Petites-Écuries, 75010 Paris, Frankreich, Tel.: +33 1 45 23 08 22, www.hotelparadisparis.com, DZ ohne Frühstück ab 95 Euro

breit. Um die Ecke liegt das »Eels« mit seinem berühmten Aal auf der Speisekarte, die besten Croissants gibt es bei »Mamiche«. Nun ist es in der Bibel ja so, dass Adam und Eva, nachdem sie vom Apfel gegessen haben, aus dem Paradies vertrieben werden. Auch hier holt einen der Sündenfall vermutlich bald ein: Nach ein paar Tagen in dieser teuren Stadt wird die Verbannung auch aus diesem Paradis wohl unausweichlich. Aber wer zu Hause ausdauernd spart, kann zumindest zurückkehren. SW

Im Hostel übernachten, das klingt nicht attraktiv, mehr nach Schullandheim in der Uckermark als nach Urlaub in Spanien. Völlig zu Unrecht. Viele moderne Hostels, die in den vergangenen Jahren in europäischen Städten entstanden sind, liegen besser als Stadthotels. Man übernachtet günstiger, auch wenn man sich das Zimmer nicht mit anderen Gästen teilt. Und dann ist da noch das Gefühl: Dieses Hostel-Feeling, das man nur an diesen Orten findet. In den Gemeinschaftsküchen, dank des

Broz Hostel

lockeren Tons zwischen Personal und Bewohnern, vielleicht auch wegen des Altersschnitts der Gäste. Beim »Broz Hostel« kommt dazu, dass alles nagelneu ist. Drei Brüder (daher der Name »Broz«, für Brothers) haben ein Wohnhaus mitten in Granada gekauft, umgebaut und in der Pandemie eröffnet. In den meisten der 14 Zimmer

gibt es jeweils sechs Betten, buchen kann man eines oder mehrere. Zu jedem Bett gehören ein Stauraum, eine Lampe, Steckdosen und ein blickdichter Vorhang. Wer mehr Privatsphäre möchte, wählt eines der beiden Doppelzimmer – und

Broz Hostel, C. Azhuma, 30, 18005 Granada, Spanien, Tel.: +34 958 26 82 22, www.brozhostel.es, Bett im 6-Bett-Zimmer ab 16 Euro, DZ ab 43 Euro

fühlt sich wie im Vier-Sterne-Hotel. Außergewöhnlich ist die Dachterrasse im fünften Stock, mit fabelhaftem Blick über die Dächer der Stadt und in die Sierra Nevada, deren Gipfel bis in den Frühsommer hinein schneebedeckt sind. Hier oben gibt es keine Bar und kein Restaurant. Man muss nichts konsumieren, um sich den Sonnenuntergang ansehen und nebenbei Menschen aus aller Welt kennenlernen zu können. Hostel-Feeling. WL

Granada

La

nd

Hotel Schloss

Mittersill

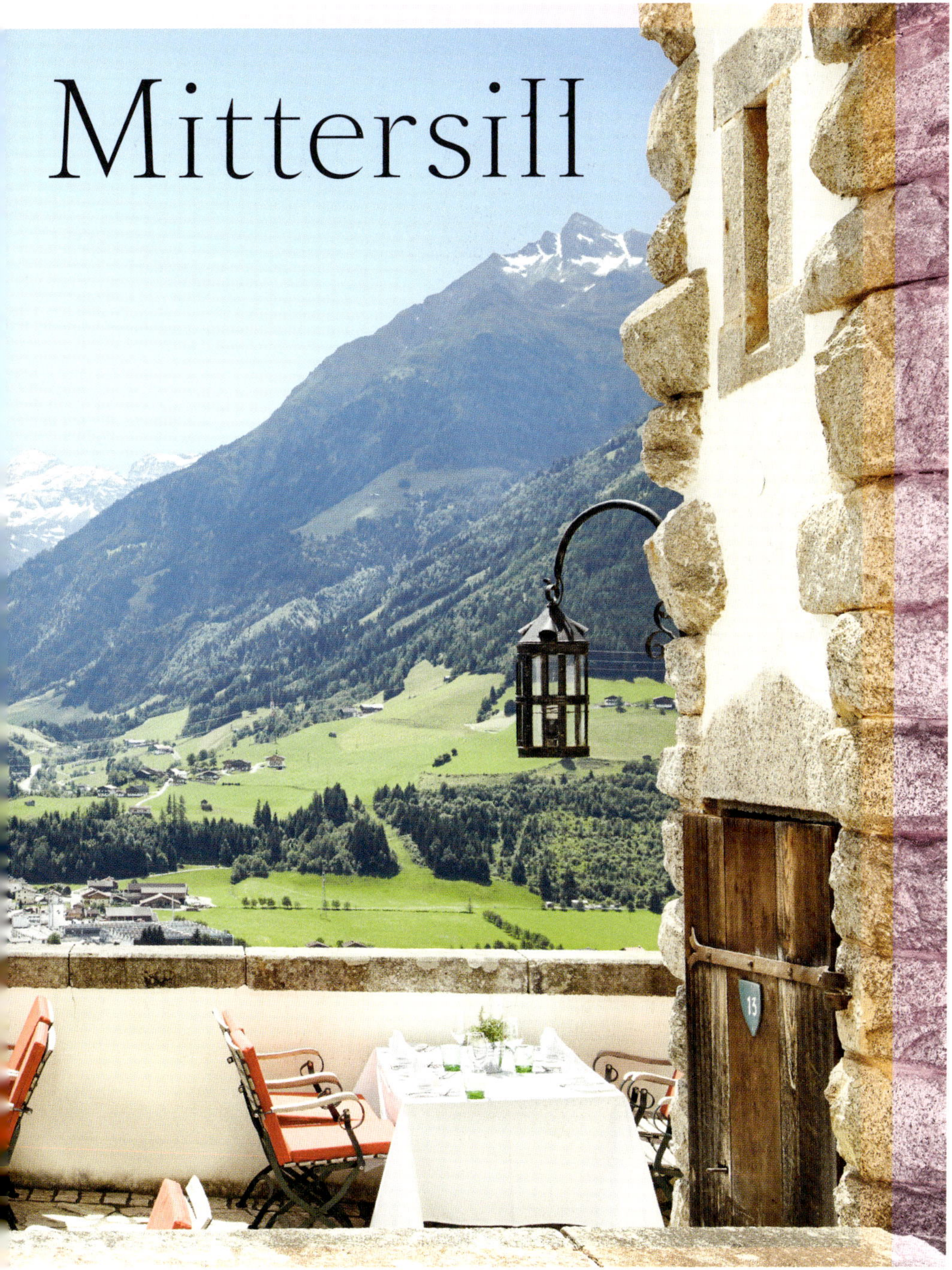

Was für ein Ort. Achthundert Jahre lang saßen hier grimmige Fürsten zwischen kalten Mauern, schauten auf die Bauern im Tal hinab und sperrten hin und wieder angebliche Hexen ein. Und gerade hier kam Coco Chanel auf die größte Idee ihres Lebens. Als sie in den Fünfzigerjahren auf »Schloss Mittersill« abstieg, war sie so angetan vom Oberteil eines Pagen, dass sie sich zur berühmtesten Jacke der Welt anregen ließ. Überhaupt, die Fünfzigerjahre: Das Schloss gehörte damals einem Baron, der den internationalen Jetset einlud – und alle kamen. Clark Gable entspannte im Hof, Gina Lollobrigida strahlte, Aristoteles Onassis machte ebenso Urlaub wie der Schah von Persien. Es gab sogar eine eigene Hauszeitschrift, sie liegt heute noch aus: schwarz-weiße Szenen einer anderen Zeit, einer anderen Welt. Die große Ära aber war Mitte der Sechzigerjahre vorbei, »Schloss Mittersill« wechselte den Besitzer, wurde zeitweise sogar zur Jugendherberge. Seit 2014 ist es ein Hotel mit modernem Luxus: gewaltiger Sauna-

Mittersill

bereich, beheizter Außenpool, überall Fußbodenheizung, Riesenbetten, fantastisches Essen. Aber viele Winkel wirken immer noch so, als könnten Bing Crosby und Prinzessin Soraya gleich um die Ecke kommen. Manche Zimmer sehen aus wie Kulissen aus dem »Großen Gatsby«, es gibt düstere Gewölbesäle, geheime Verbindungsgänge, einen verlassenen Schlossgarten, eine eigene Kapelle. Und mit dem finsteren Hexenkeller kann man es ja halten wie die Hotelangestellten: nach zehn Uhr abends lieber nicht mehr da runtergehen. MF

•••• Hotel Schloss Mittersill, Thalbach 1, 5730 Mittersill, Österreich, Tel.: +43 6562 202 00, www.schloss-mittersill.com, DZ ab 218 Euro

Rifugio Seremus

Klingt jetzt seltsam, aber vor dem »Rifugio Seremus« muss ich Sie gleichermaßen warnen und Ihnen empfehlen hinzufahren. Es ist nämlich so: Alessandro und Julie, das Besitzerpaar, mögen es ruhig und natürlich, vor Massentourismus graust es sie. Darum ist die Straße hoch zum »Rifugio« holprig und voller Schlaglöcher – wenn Sie einen tiefergelegten Sportwagen haben, gehen Sie die letzten 800 Meter zu Fuß (normale Pkw schaffen es). Und im kleinen Naturbadeteich gibt es neben schönen Seerosen und kleinen Fröschen eine Schlange namens Peter, so haben die Besitzer sie getauft. Die Schlange ist neugierig und etwa einen Meter lang, darum ist es immer ein großes Hallo, wenn Neuankömmlinge Peter zum ersten Mal begegnen. Wenn Sie Natur mögen, das toskanische Hinterland, sich über den fröhlichen Hund des Besitzer-

paares ebenso freuen wie über Wander-, Gravel- und Mountainbikepfade hinterm Haus, den Pizzaofen und den Blick in die Ferne, den sanft kühlenden Wind, alles in großer Stille, dann fahren Sie dorthin. Die Ferienwohnungen mit Holzparkett kosten ab 70 Euro pro Nacht. (Die Anlage könnte man zum Yoga-Retreat umbauen und das Dreifache verlangen.) Das Meer ist 40 Autominuten entfernt, besonders schön fanden wir es zum Sonnenuntergang in der Bucht von Baratti (frittierte Meeresfrüchte im »Al Polpo Marino« holen!) und (wir reisen mit Hund) am Dog Beach in San Vincenzo. Und im nahen Bergdorf Canneto in der »L'Osteria Del Ghiotto« Pappardelle al Cinghiale essen! MB

Monterotondo Marittimo

•••• Rifugio Seremus, Località Le Castellacce, 58025 Monterotondo Marittimo, Italien, Tel.: +39 371 173 55 57, www.seremus.it, Ferienwohnungen für 2 bis 5 Personen 70 bis 95 Euro (Hochsaison 90 bis 115 Euro)

Jugendherberge – denken Sie da auch an Hagebuttentee und Graubrot mit Margarine? In den vergangenen Jahren hat sich aber einiges getan in Sachen Jugendher-

Wellness Hostel

bergskultur, und gerade in der Schweiz sollte man vor jeder Hotelbuchung erst mal die örtliche Jugendherberge auskundschaften. Das gilt auch für Laax im Kanton Graubünden. Dass die dortige Jugendherberge mehr sein will als ein Ausflugsziel für Schulklassen, sagt schon ihr Name: »Wellness Hostel 3000«. Drinnen: Vollholztreppe in Eiche, eine Lounge mit Designermöbeln, vom Herbergsleiter entworfene Bettwäsche. Da sieht alles

nach Eleganz und Qualität aus, ob im Sechsbett-, Familien- oder Doppelzimmer, wenn auch zu recht veritablen Schweizer Jugendherbergspreisen. Nach Laax kommen die meisten Gäste zum Skifahren oder Snowboarden. Man sollte aber auch genug Zeit für den Wellnessbereich in der unteren Etage einplanen: Finnische und Bio-Kräutersauna, ein Dampfbad, das den Namen verdient, ein Heißbecken (40 Grad), ein Kältebecken (vier Grad), Ruheräume, Tee, Peeling, Massagen. Alles auf wirklich hohem Niveau, dabei handelt es sich hier eigentlich um die öffentliche Badeanstalt des Dorfes, die Jugendher-

3000, Laax

berge thront nur obenauf. Nach dem Saunieren kann man den Schlittschuhläufern auf dem See zuschauen oder direkt zum Abendessen übergehen: bündnerisch, lecker, oft vegetarisch. Sein Geschirr abräumen und die Betten abziehen muss man aber wie in jeder anderen Jugendherberge selbst. ERK

• • • •

Wellness Hostel
3000, Via Grava 45,
7031 Laax, Schweiz,
Tel.: +41 81 920 81 10,
www.youthhostel.ch,
DZ ab 72 Euro inkl.
Frühstück und
Hallenbadeintritt
pro Person

Die Halde

Meine Oma lebte bis zu ihrem Tod in Freiburg. Ich wuchs in einer anderen Stadt auf und sah sie als Kind zu selten. Wahrscheinlich entschied ich mich auch deshalb, in Freiburg zu studieren. Es wurde zum Ritual, dass wir an vorlesungsfreien Tagen Ausflüge mit Omas goldenem Opel Commodore machten, am liebsten in die Berge. Meine Oma legte dann Lippenstift auf, zog ihre Lederhandschuhe und eine eng anliegende Mütze an, wir fühlten uns sehr mondän. Als wir auf einer dieser Touren über den nebligen Schauinsland fuhren, Freiburgs Hausberg, kamen wir an der »Halde« vorbei. Das Hotel hatte ein paar Jahre zuvor neu eröffnet und lockte uns mit seinen hellen Fenstern unter dem langgezogenen Holzdach. Wir kehrten auf einen Cappuccino und ein Stück Schwarzwälder Kirschtorte ein – und nahmen uns vor, für ein ausgiebiges Wellnesswochenende wiederzukommen. Zusammen haben wir das nicht mehr geschafft. Aber als ich an einem Abend zehn Jahre spä-

• • • • Die Halde, Halde 2, 79254 Oberried-Hofsgrund, Tel.: +49 7602 9 44 70, www.halde.com, DZ ab 312 Euro inkl. Frühstück, Mittagsvesper und 4-Gang Halde-Menü mittags oder abends

ter in der holzvertäfelten Gaststube der »Halde« einen hervorragenden Rehrücken aß, dazu samtigen Rotwein trank, und als ich am nächsten Morgen im Außenpool des Badehauses mit leichtem Brummschädel über den Nebel in Richtung Rheinebene guckte – da dachte ich an meine Oma und daran, wie gut es ihr an diesem Ort gefallen hätte. Wäre sie noch da, wären wir zum Abschluss des Wochenendes mit dem Commodore die Serpentinen in die Stadt runtergesaust, hätten Hildegard Knef gehört und laut gedacht: Was geht's uns gut! SP

Oberried-Hofsgrund

Agriturismo L'Adagio

Mit ihrem Mann Franco hat Rosella Boeri 25 Jahre lang Olivenöl hergestellt. Das Öl ist preisgekrönt, abgefüllt nach unterschiedlichen Höhenlagen der Olivenbäume. Badalucco ist 15 Kilometer vom Meer entfernt, und die Olivenhaine liegen auf bis zu 500 Meter Höhe, da ist der Salzgehalt in der Luft geringer, und da soll die Qualität der Taggiasca-Olive am höchsten sein. Boeri flog mit ihrem Mann für Verkostungen bis nach Tokio und New York, sie hat für ihn den Schreibkram erledigt und vieles mehr, dann hat sie den Job gekündigt. Vor acht Jahren hat Rosella Boeri ihr Agriturismo eröffnet. Auf dem Kühlschrank der großen Zimmer steht das Olivenöl ihres Mannes. Man kann auch selbst gebrautes Olivenbier des Sohnes Dario bestellen. Er experimentiert derzeit mit Gin aus Oliven. Auf den Gartenterrassen oberhalb des alten Steinhauses wachsen Olivenbäume, unterhalb des Hauses steht Franco Boeris Olivenölmuseum mit der Olivenpresse seines Urgroßvaters. Wenn man durch den Bergort läuft, riecht es nach Oliven, weil viele der 1000 Einwohner gesäuberte Olivenkerne verheizen. Oliven auf der Focaccia und im besten Lokal des Orts, dem »Cian de Bia'«, wo ein Rentnerpaar jeden Tag das gleiche zehngängige Menü serviert. Den

Badalucco

Oliven entkommt man nicht in Badalucco. Nur das Spa im »L'Adagio« ist olivenfreie Zone. Franzosen kommen im Winter über die nahe Grenze für ein Wellness-Wochenende. Manchmal flüchtet Rosella Boeri selbst eine Nacht zum Entspannen in ihr Hotel. LR

• • • • Agriturismo L'Adagio, Regione Roglietto 15, 18010 Badalucco, Italien, Tel.: +39 335 722 63 09, www.agriturismoladagio.it, DZ ab 90 Euro

Château de la Lucazière

Die Schlossherrin wirkt, als habe sie eben ihre Gummistiefel abgestreift und sich nur schnell die Hände gewaschen, um ihre Gäste zu empfangen. Wer dachte, dass es eine gewisse Hybris brauche, um unter meterhohen Decken zu wohnen und morgens am Fenster stehend über Ländereien zu blicken, hat sich geirrt. Extrem selbstbewusst gibt sich im »Château de la Lucazière« nur die 19-jährige Katze Chelsea, die auf den Stufen vorm Eingang liegt, als gehöre ihr der ganze Bums. Ge-

Mont-Saint-Jean

kauft hat das Schloss aber die Engländerin Anita Harvey, neun Jahre ist das her. Seitdem hat sie das Dach erneuern lassen und einen Raum nach dem anderen hergerichtet, fünf sind es inzwischen und zwei Cottages samt beheizbarem Pool. 160 Hektar Wiesen und Wald umgeben die alten Mauern, deren Geschichte bis ins Mittelalter zurückreicht. Schwarzweiß-Fotografien im Eingangsbereich erinnern an die Familien, die hier einst lebten, ansonsten hat Anita Harvey viel Platz für neue Geschichten gelassen. Wenige Möbel stehen in den Zimmern und Fluren, mal verziert eine Tapete eine Wand, ein dekorativer Überwurf ein Bett. In der ersten Etage hat Harvey eine Bibliothek eingerichtet, die mit ihren dunklen Regalen und Buchrücken aussieht wie ein Raum aus dem Detektivspiel Cluedo. Bliebe einem nur die Zeit, hier zu versacken! Im Weiher zu angeln, unter Kastanien zu sitzen und Harveys Pferden beim Grasen zuzusehen. Die Katze scheint die Aufregung nicht zu verstehen, sie gähnt: Ist schön hier, ja, komm halt wieder. LFC

• • • • Château de la Lucazière, La Lucazière, 72140 Mont-Saint-Jean, Frankreich, www.chateaudelalucaziere.com, DZ ab 120 Euro

Natürlich ist die Pension das, was man gemeinhin Familienbetrieb nennt: zwölf Gästezimmer, der Vater steht in der Küche, die Mutter in der Rezeption, der Sohn bedient in der Stube. Nur die Tochter wollte mal raus aus dem Grödner Tal und ist für ein, zwei Jahre in die Schweiz gegangen. Es gibt nicht viel Auswahl auf der wechselnden Tageskarte eines so kleinen

Stua Catores

Hauses: Gerstesuppe oder Käseknödel, Hirschgulasch oder Schlutzkrapfen, zum Nachtisch dann Latschenhalbgefrorenes mit Buchweizencrumble – macht nichts, alles sehr gut, wobei die Käseknödel herausragend sind – also unbedingt Halbpension buchen! Stua heißt Stube auf ladinisch, Catores Steinhühner. Der Großvater eröffnete die Stube, Luis Trenker saß oft hier, er kam ja aus dem Ort. Der Wirtsohn kennt sich bestens aus auf den Pisten, oben am Wolkenstein kann man auf der Sella Ronda durch vier Täler über 24 Kilometer fahren. Die Seiseralm auf der anderen Seite von Gröden ist für ihr Essen auf den 14 Hütten bekannt. Wer keine Lust hat auf Skizirkus, der geht hinter der Pension einfach den Berg hoch, vorbei an einem einsamen Bauernhof, auf dem die Arbeit immer noch so beschwerlich scheint wie vor zweihundert Jahren, hin zu einer Kirche aus dem 13. Jahrhundert. Bei Sonnenuntergang leuchtet der Langkofel gegenüber rosafarben wie der Ayers Rock. Die Gäste in der Stua stehen oft mitten im Essen auf, um das Schauspiel zu fotografieren. Der Großvater war Bergretter und hat schon manchen Bergsteiger vom Langkofel runterholen müssen. LR

St. Ulrich

• • • •

Gasthof Stua Catores, Fam. Nocker - Gschnitzer, Sacunstr. 49, 39046 St. Ulrich - Gröden, Italien, Tel.: +39 0471 79 66 82, www.stuacatores.com, DZ inkl. Halbpension ab 172 Euro

Zu viel Wissen verringert das Abenteuer. Daher empfehle ich, recht ahnungs- und erwartungslos nach Bulgarien zu reisen. Na ja, nicht völlig ahnungslos, denn Sie sollten sich erstens unbedingt darüber im Klaren sein, dass ein Nicken hier Nein bedeutet. Ihre Zustimmung dagegen äußern Sie mit einem leichten Kopfwippen, für dessen korrekte Umsetzung Sie mindestens 14 Tage Urlaub einplanen sollten. Zweitens: Begeben Sie sich ohne Umweg in das verschlafene Dorf Stefanovo am Fuße des Balkangebirges. Dort setzen Sie sich in den Garten des Hotels »Dedovite Kashti« und stehen erst wieder auf,

Dedovite Kashti

wenn Sie frische Rosenlimonade und jede Menge bulgarischer Köstlichkeiten probiert haben. Zeigen Sie dafür wahllos auf die kyrillischen Buchstaben der Speisekarte. Paprikacreme, gegrillter Kashkaval, würzige Köfte, hausgebrannter Raki: Sie können nichts falsch machen.

Vom Balkon des schlichten Zimmers, das die genau richtige Menge an folkloristischer Dekoration aufweist (fast keine), folgt der Blick der Abendsonne über Hügel und dichte Wälder. Nach einer Nacht in absoluter Stille begehen

Stefanovo

Sie den Morgenspaziergang auf holprigen Straßen, vorbei an liebevoll renovierten Fachwerkhäusern und schwer behangenen Weinreben. Sie haben sich entschieden: Dies ist das schönste Dorf Bulgariens. Sicher können Sie sich nicht sein, aber das macht nichts, denn was ist ebenso abenteuerfeindlich wie zu viel Recherche vor der Anreise? Es ist die Angst, etwas zu verpassen. NV

• • • • Dedovite Kashti, Shipka 3, 5581 Stefanovo, Bulgarien, Tel.: +359 69 10 22 22, www.dedovitekashti.com, DZ ab 45 Euro

Haus Selma

Ich liebe es, im Dunkeln anzureisen. Immer tiefer fuhren wir am Abend in den völlig verschneiten Thüringer Wald, nur ein paar Weihnachtssterne blitzten uns in Gehlberg, einem der höchsten Bergdörfer Thüringens, aus den Fenstern der Nachbarn entgegen. Umso spektakulärer fällt am ersten Morgen der Blick aus dem riesigen Panoramafenster des Wohnzimmers im »Haus Selma« aus: Still und schön liegt uns der Winterwald nun zu Füßen. Und wartet darauf, erkundet zu werden: zu Fuß, in der Loipe, auf dem Schlitten. Erst jetzt verstehe ich, warum so viele Biathleten und Rennrodlerinnen aus Thüringen kommen: perfekte Wintersportbedingungen, mitten in Mitteldeutschland und so aus allen Himmelsrichtungen gut zu erreichen. Aber das Draußensein macht nur so viel Spaß, weil zu Hause der Ofen, die Sauna, das »Haus Selma« auf uns wartet. Geradlinig und hölzern liegt es am Hang, viele große Fenster, offene Küche mit Blick auf Esstisch und Wohnzimmer, dazu zwei kleinere und ein großes Schlafzimmer sowie eine Terrasse, auf der man sich nach je-

Gehlberg

dem Saunagang im Schnee wälzen kann. Getreu der Umgebung ist das Haus nicht nur von außen, sondern auch von innen holzverkleidet, und es duftet auch so. Entworfen hat es der Besitzer Tobias Ruge selbst, der auch Architekt ist (und Thüringer). Er hat noch ein Ferienhaus auf dem Darß gebaut, das »Haus Siegfried«, das ganz anders und genauso schön ist wie das »Selma«. Sommers dort, winters hier – gute Kombination. MN

• • • • Ferienhaus Selma, Gehlberger Bergstr. 15, 98528 Gehlberg, www.selma-im-wald.de, Haus für sechs Personen 347 Euro pro Nacht

Wenn man nach einem langen Tag an der Nordsee im Hotelgarten sitzt, zwischen den alten Obstbäumen, mit Blick auf den Weiher, und der Geruch des Lagerfeuers in die Nase steigt, dann kann man kaum glauben, dass hier mal Meer war. Ist aber so: Vor 350 Jahren reichte die See bis zu dem Ort, an dem jetzt das Hotel steht – daher der Name: Landhafen. Pläne aus dem Jahr 1650 zeigen hier noch einen Hafen, dann begann die sogenannte Landgewinnung: Um mehr Land für Ackerbau und Häuser zu haben, legten die Menschen in Nordfriesland Teile der See trocken. Entstanden sind fruchtbare Böden, Deiche mit reetgedeckten Häusern und, ganz neu: eben dieses Hotel. Eröffnet haben das Hotel Lisa und Christoph Brunk, er hat in dem heutigen Hotelgarten schon als Kind gespielt, seine Eltern hatten einen Bauernhof

Hotel Landhafen

Niebüll

gleich nebenan. Schon damals stand hier ein altes Hotel, längst dichtgemacht, und dämmerte vor sich hin. Christoph Brunk ging erst mal in die Großstadt, nach Kiel, studierte Englisch und Sport auf Lehramt, aber im Hinterkopf war immer dieser Traum vom eigenen Hotel. Und so wurde da, wo früher die Wel-

len tobten, das »Landhafen« eröffnet, mit dem Obstgarten, dem Yogaraum, der Sauna und den Ziegen Kurt, Ferdinand und Olaf, die sich geduldig von Kindern füttern und streicheln lassen. Die Zimmer: hell und gemütlich. Das Frühstück: ein Traum. Und so schön das Meer auch sein mag: Dass hier nun Land ist – das ist tatsächlich ein Gewinn. TL

• • • • Hotel Landhafen, Deezbüller Str. 70, 25899 Niebüll, Tel.: +49 4661 708 92 70, www.landhafen.com, DZ ab 99 Euro

PoSt Apartments

•••• PoSt Apartments, Am Dorfplatz 7, 5761 Maria Alm, Österreich, Tel.: +43 65 84 236 40, www.post-mariaalm.at, Apartment inkl. Frühstück ab 260 Euro

Wir hatten ein Mietauto und große Ausflugspläne, aber der Regen kam noch vor uns im Salzburger Land an und machte alles zunichte. Das sollte sich als Glück herausstellen. Das Wirtshaus, in dem sich die Bewohner von Maria Alm schon im 16. Jahrhundert trafen, ist seit Mai ein Hotel mit neun Apartments. Die Fassade sieht aus wie früher, innen hat der Geschäftsführer Matthias Schwaiger mit seiner Tochter gestrichen, seine Frau Barbara kümmerte sich um das Design, das sich aus dem Holz des alten Stalls und modernen Riesenfenstern zusammensetzt – in unserem Apartment mit einem Tagesbett davor. Stundenlang sahen wir dort zu, wie die Wolken

Maria Alm

im Hochkönigmassiv festhingen, sich lösten, Hochzeitsgäste zur Dorfkirche kamen, verrückte Wanderer losgingen. Für Skifahrer und Normalmutige wie uns gibt es drei Minuten weiter eine Bergbahn. Auch toll war es, planlos aus dem Dorf zu spazieren, sich in regengrünen Wiesen zu verlaufen und plätschernde Bäche zu finden. Aber danach war alles, was wir wollten, weiter aus dem Fenster zu gucken. Für ein kleines Hotel hat die »PoSt« einen beachtlichen Wellnessbereich mit Panoramapool, Sauna, Wärmekammer, Frischluftkammer und Ruheräumen, in denen man regionalen Lavendelsirup probieren und dem Lichtspiel auf den Bergen zusehen kann. Das ganze Haus fühlte sich an wie eine Meditation für Leute, die eigentlich nicht meditieren. Als wir unser Mietauto zurückgaben und die Sonne rauskam, konnten wir deshalb nur lachen: Zum Glück erst jetzt! DG

Steinhaus am Auerbach

Der erste Gedanke beim Betreten des »Steinhauses am Auerbach«: Man muss den beiden sagen, dass sie dringend ihre Webseite überarbeiten sollten, in echt ist das alles ja noch viel schöner! Zweiter Gedanke: Auf keinen Fall etwas sagen. Sonst war's das mit diesem wunderschönen Geheimtipp. Am besten hören Sie sofort auf zu lesen, es gibt auch überhaupt nicht viel zu sagen über

dieses Haus in Oberaudorf. Es muss Sie gar nicht interessieren, dass das Münchner Architektenpaar Christine Arnhard und Markus Eck das holzverkleidete Steinhaus auf einem Grundstück direkt am Auerbach gebaut hat, mit Blick auf die österreichischen Berge. Dass es über zwei Schlafzimmer mit traumhaft gemütlichen Betten, eine Sauna, eine

Dachterrasse, Fußbodenheizung, Kaminofen, Designermöbel und eine geräumige Wohnküche verfügt, in der sich Geschmack und Funktionalität ergänzen. Und dass man in dieser Küche nach einer Portion Willkommens-Spaghetti mithilfe mehrerer Espressi aus der Siebträgermaschine und mehrerer Gläser Wein aus der Hausbar Abende verbringen kann, die nie enden müssen. Außer man entscheidet sich, in der tiefen Badewanne in einem der beiden Bäder ein bisschen zu träumen, während man Musik über die Anlage hört. Nein, das brauchen Sie alles nicht zu wissen. Aber manchmal ist es

doch gut, einem Geheimtipp folgen zu können, wenn man auf der Suche nach dem nahezu perfekten Ort ist. Gern geschehen, und: Pssst.

SP

Oberaudorf

• • • • Steinhaus am Auerbach, Rosenweg 10b, 83080 Oberaudorf, Tel.: +49 89 381 57 92 76, www.gut-feeling.me/Steinhaus, Haus für fünf Personen ab 300 Euro pro Nacht (ab 1 Woche)

Hotel

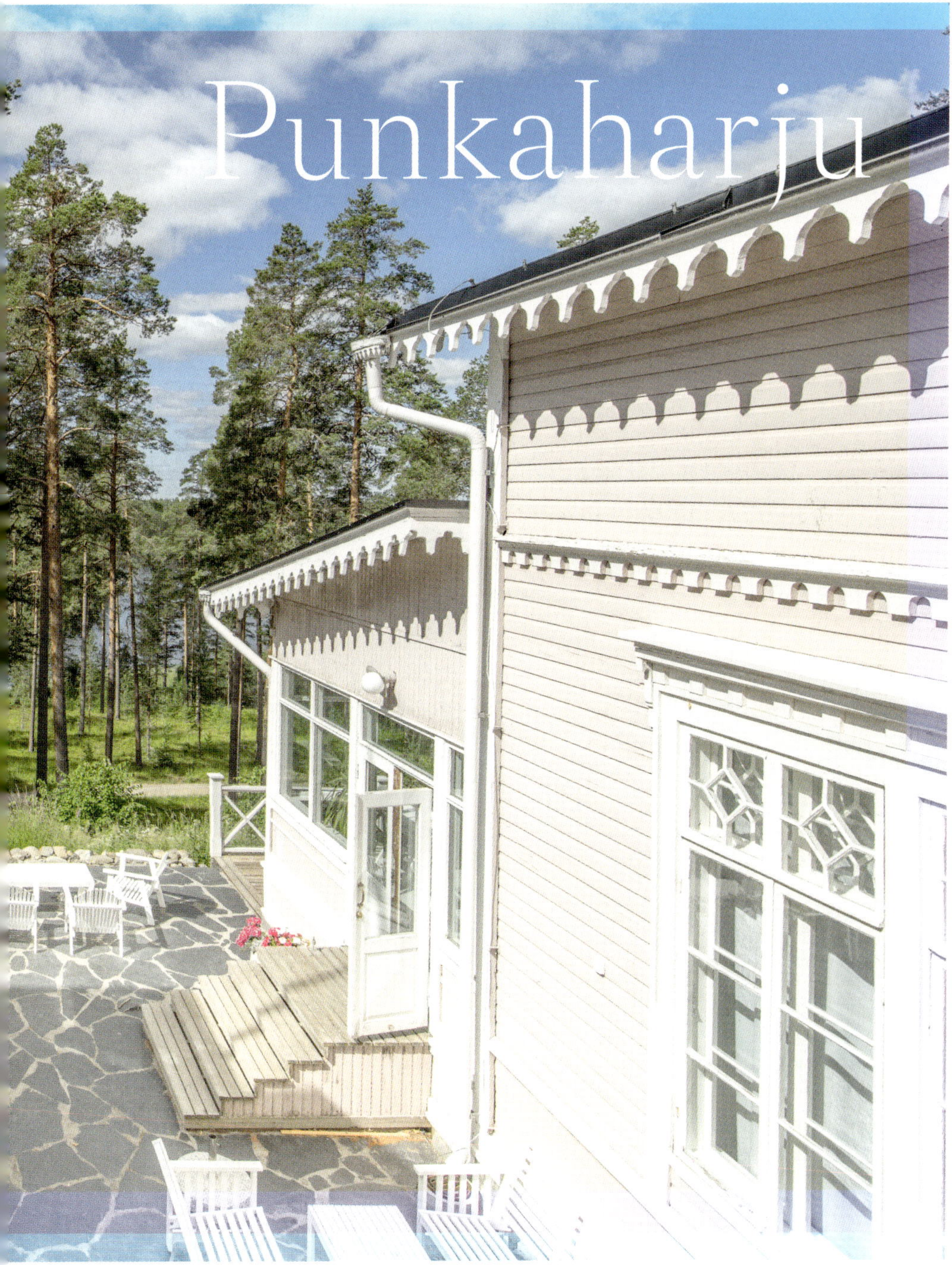
Punkaharju

Wald, Moor, Seen: Rund 350 Kilometer nordöstlich von Helsinki liegt das »Hotel Punkaharju« auf einer der zahllosen Inseln der Finnischen Seenplatte. Als die Besitzerin Saimi Hoyer hier landete, hatte sie bereits eine weite Reise hinter sich. Jahrelang lebte sie als Model ein Jetset-Leben in Mailand, Paris, Tokio, arbeitete als Moderatorin beim finnischen Fernsehen, umgab sich mit Künstlerinnen und Kreativen. Der Wendepunkt kam mit einer schweren Krankheit, und sie entschloss sich, in ihre Heimat zurückzukehren. Dorthin, wo sie als Kind so wunderbare »Eiscreme-Sommer« verbrachte, wie sie erzählt. Vor fünf Jahren kaufte Hoyer eines der ältesten Hotels Finnlands und verwandelte es in einen Ort für Menschen, die das Miteinander von Kunst, Natur und gutem Essen mögen. Überall stößt man auf die reiche Historie des Hotels, verläuft sich zwischen dem Hauptgebäude aus Holz, das in zartem Rosé gestrichen ist, der gerade restaurierten »Villa Keisarinna« und den einfachen Holzhütten weiter unten am See. Im Frühherbst wird im luftig eingerichteten Speisesaal ein mehrgängiges Pilzmenü serviert. Pilze sind eine Leidenschaft von Saimi Hoyer, die viel im Wald unterwegs ist und ihr Wissen auf Seekreuzfahrten an ihre Gäste weitergibt. »Man muss wahrscheinlich ein wenig verrückt sein, um in dieser Einsamkeit zu leben«, sagt sie. Als Hotelgast jedenfalls, für ein paar Tage und Nächte, lässt es sich da ausgesprochen gut aushalten. CSH

• • • • Hotel Punkaharju, Harjutie 596, 58450 Punkaharju, Finnland, Tel.: +358 15 51 13 11, www.hotellipunkaharju.fi, DZ ab 183 Euro

Am Frühstückstisch machen wir Kassensturz. Wer ist wie aufgewacht? Wir hatten uns am Abend vorgenommen, so lange liegen zu bleiben, bis

wir so von selber wach werden und das Bedürfnis haben aufzustehen. So wie das im Urlaub halt sein soll. Und im Grunde könnte das für alle außer uns dreien egal sein, aber lustigerweise sagte es viel über den »Springerhof«

Springerhof

und seine Unterkünfte aus, wie wir in den Tag kamen. Ein Kind war aufgewacht vom Wiehern der Pferde, die hier bloß zwei Meter vor dem Schlafzimmerfenster grasen. Das Kind erzählte völlig verdattert davon, wie es erst noch gedacht hatte, das Pferd galoppiere und wiehere durch seinen Traum – so wie es ja sonst immer ist. Aber nach ein paar Mal habe es bemerkt, dass das Geräusch tatsächlich von außen kam, wie sonst der nervige Wecker. Das andere Kind war vor lauter Vorfreude auf den Tag aufgewacht, auf das Kälbchenfüttern, das Traktorfahren, das Reiten, das Sträußepflücken, den Ausflug zum nahe

• • • • Springerhof, Kobel 2, 83135 Schechen, Tel.: +49 8039 92 03, www.familienferien-springerhof.de, Appartement für zwei Erwachsene und zwei Kinder ab 108 Euro pro Nacht

gelegenen See und die Pommes dort. Ich bin nicht von selbst aufgewacht, weil ich am Abend, als es endlich ruhig war, auf der Terrasse noch lange Wein getrunken und zugeguckt hatte, wie die Vögel im Gebälk des alten Bauernhauses flogen. Geweckt wurde ich dann von zwei Kindern, die schon ganz allein im Stall frische Eier geholt und den Frühstückskorb der Bäuerin Christa Rinser reingetragen hatten. Das mag auf Bauernhöfen natürlich vollkommen normal sein, für Gäste ist es wundervoll. LF

Schechen

Boutique-Hotel

Innerhalb von ein paar Flugstunden ans andere Ende der Welt zu gelangen, war auch vor der Pandemie nicht mein Ding. Ich reise lieber gemächlich. Wenn wir im Sommer von Oberbayern auf die nordfriesischen Inseln fahren, dann immer mit Zwischenstopp. Auf der Durchreise sein, das erinnert an Zeiten, als man noch mit der Postkutsche durch das Land zuckelte und in Herbergen längs des Weges übernachtete. Auf diese Art entdeckt man Orte, an denen man sonst bloß vorbeirasen würde. Wie das »Liono« in Goslar. Eine Altbauvilla von 1910, hoch über der Kaiserstadt. Früher wurden hier »Fremdenzimmer« vermietet. Heute begrüßt einen der Besitzer

Liono, Goslar

so herzlich wie eine alte Freundin, auch wenn man zum ersten Mal da ist. Ein Blick ins Gästebuch zeigt: Anderen ging es genauso. Georgios Gaidatzis, so heißt der Besitzer, stammt aus Griechenland, seine Eltern ließen sich in den Sechzigern in Deutschland nieder. Die 16 Zimmer des »Liono« hat er mit seiner Frau Anja in Eigenregie renoviert, darauf sind sie stolz. Entstanden ist eine gute Mischung aus Alt und Neu, hell, großzügig, mit großem Garten. Vor allem mit derart bequemen Boxspringbetten, dass einem längere Autofahrten nichts mehr anhaben können. Und Gaidatzis weiß natürlich, dass man nicht mit leerem Magen weiterfahren sollte. Zum Frühstück serviert er griechische Köstlichkeiten: Joghurt mit Honig, Bougatsas (Blätterteiggebäck), Froutalia (Omelette), Sesamringe. Man darf übrigens auch länger bleiben als eine Nacht. CM

• • • • Boutique-Hotel Liono, Schieferweg 6, 38640 Goslar, Tel. 05321 230 98, www.hotel-liono.de, DZ ab 105 Euro

Manchmal stelle ich mir vor, wie es wäre, adlig zu sein. Eine Alltagsflucht, wenn das proletarische Leben auf den Rücken drückt. Wäre ich aller Probleme frei? Burg Schlitz in der Mecklenburgischen Schweiz, also im

Schlosshotel Burg Schlitz

Nichts und zugleich im Alles, in prachtvoller Natur nämlich, ist das ideale Ziel, um Feudalfantasien auszuleben. Hier logierten Königin Silvia von Schweden und Angela Merkel. Letztere nicht blaublütig, aber als Kanzlerin von höherem Stande. Man verfällt sogleich in eine andere

Sprachlage. Ich verstecke den verharzten Kleinwagen hinter Jaguaren, in mir ein Fuhrpark aus Scham. Doch als der Obelisk am Schlossportal verlangt: »Gast, der Du aufsteigst, übergib dieser freundlichen Urne deine Sorgen«, beginnt meine Häutung. Aufsteigen möchte ich, wenigstens für ein Wochenende. Mit der Kutsche geht es durch die Lande, die Hans von Schlitz, Gutsherr nur, aber vom König zum Grafen erhoben, 1806 als Park anlegen ließ. Vorbei an weidenden Friesen, an friedlichen Weiden, an hundert Skulpturen. Will ich sogar den Jäger in mir testen? Doch die Saison, in der Gäste schießen dürfen, ist ohnehin passé. Das Reh im Wappen-Saal mundet dennoch. Ich drücke den Rücken durch, prüfe mein Hemd auf Faltenfreiheit und googele, wie das Besteck sauereifrei zu benutzen ist. Das ist etwas stressig, aber der einzige Stress dieser Tage. Einmal adlig sein, ja, fürwahr angenehm. Auch wenn es natürlich immer noch bloß eine Vorstellung von Adel ist. Widerwillig reise ich ab. Arbeit verpflichtet. MH

Hohen Demzin

• • • • Schlosshotel Burg Schlitz, Burg Schlitz 2, 17166 Hohen Demzin, Tel.: +49 3996 127 00, www.burg-schlitz.de, DZ ab 220 Euro, zzgl. Frühstück 30 Euro pro Person und Tag

Palazzo di Varignana

Der Bewohner und zugleich Besitzer des 300 Jahre alten Palazzos habe sein Geld mit Software für Banken verdient und sei pressescheu, heißt es, das Hotel sei nur Liebhaberei. Man sieht ihn beim Frühstück oder Abendessen: Älterer Herr, wirkt freundlich und bescheiden, freut sich, wenn Hotelgäste die antiken Ausgrabungen in Schaukästen betrachten, die unten im Privat-Palazzo stehen. Die 140 Zimmer in den Nebengebäuden hat er vor vier Jahren bauen lassen, mit fünf Außenpools, in denen man schwimmen kann, nicht nur planschen, drei Restaurants mit zwei großartigen Sommeliers. Der Palazzo produziert auch seinen eigenen Wein: San Giovese, und seit drei Jahren auch eigenes Olivenöl, vier Sorten. 65000 besonders kälteresistente Bäume hat dieser Hobby-Hotelier von Spezialisten im Umland pflanzen lassen, in einer Gegend, die eigentlich als zu kühl für Oliven gilt, sein Olivenöl »Claterna« ist schon international preisgekrönt. Honig,

Castel San

Marmelade, Fruchtsäfte, Schokolade kommen aus eigener Produktion. Auch das Gemüse in den Restaurants. Ein Agriturismo auf Sterne-Niveau. Nachts hört man die Frösche am Wasserreservoir quaken. Wegen der Ruhe kommen die Leute aus dem 20 Kilometer entfernten Bologna, manchmal auch nur zum Essen. Das neue Steckenpferd des Palazzo-Mannes: eine Dependance-Wohnung mit drei einzeln zu mietenden Zimmern in der großartigen Bologneser Altstadt. Nennt sich »Saragozza Uno«. Bestlage, 110 Euro. Ich hatte den Tipp von Steffi bekommen, vielen Dank. LR

• • • • Palazzo di Varignana, Via Ca' Masino 611A, 40024 Varignana, Castel San Pietro Terme (Bo), Italien, Tel.: +39 051 19 93 83 00, www.palazzodivarignana.com, DZ inkl. Frühstück und 3-stündigem Zugang zum Varsana Spa ab 290 Euro

Pietro Terme

Gasthaus

Griaß enk!, sagt der Wirt und bietet einen Hugo an. Man hätte eher ein Schümli Pflümli (Kaffee mit Pflaumenschnaps und Sahne) erwartet, wir sind ja im Engadin, genauer: im Val Bever bei St. Moritz. Draußen ist es kalt und dunkel, aber Roland Gruber steht am Tresen des Gasthauses »Spinas« und mixt den Hugo, den man sonst an lauen Sommerabenden trinkt. Warum er das macht? Er hat den Hugo erfunden. Sagt er jedenfalls. 2005 soll es gewesen sein, da betrieb er die Bar »San Zeno« in Naturns. Gruber kommt aus dem Vinschgau, er sieht aus, wie man sich ein Schweizer Original vorstellt, und gar nicht so, wie man sich den Erfinder eines Im-Straßencafé-sitzen-und-Handy-auf-den-Tisch-legen-Getränks vorstellt: grauer Rauschebart, hirschlederne Kniebundhose, Wanderstiefel, Weste. Er hat schon Currywürste in Berlin gegrillt, die High Society in St. Moritz und auf Sylt bewirtet und im Wallis ein kleines Hotel geführt. Nun also das »Spinas« im Val Bever, wo außer der

Spinas, Bever

Albula-Eisenbahn und dem Gasthaus nichts ist. Das Haus liegt zwischen alten Lärchen auf 1818 Metern, darin gibt es eine hundertjährige Kegelbahn, eine Fonduestube, ein Restaurant und zwölf einfache, charmante Zimmer. Das Tal ist autofrei, man reist mit Pferdekutsche oder Bahn an. Auf Grubers Karte stehen Südtiroler Speckknödelsuppe, Engadiner Capuns, hausgemachte Nudeln, Burger vom Bio-Rind. Im Winter führt eine Langlaufloipe am Haus vorbei, und wenn man dann dampfend zum Gasthaus zurückkommt, steht natürlich ein Hugo bereit. TA

• • • •

Gasthaus Spinas,
Val Bever 4, 7502
Bever, Schweiz,
Tel.: +41 81
851 19 20,
www.spinasbever.ch,
DZ ab 173 Euro

Der Forsterhof

Das Ziel der meisten Südtiroler Hoteliers: die Gäste im Haus zu behalten. Mit riesigen Spa-Bereichen, Infinitypools und Dreiviertel-Pension gelingt das oft gut. Magdalena Erlacher, 28 Jahre alt und mit ihrer Mutter Chefin des »Forsterhofs«, will genau das Gegenteil: »Südtirol hat so viel mehr zu bieten als Kuchenbuffets und Saunagänge«, sagt sie und schickt ihre Gäste lieber raus, auf die Waalwege und in die Restaurants der Region. Sie hat eigens einen Reiseführer erstellt, der auf jedem der 25 Zimmer liegt. Einen Infinitypool mit Blick auf Meran gibt es trotzdem. Und in einigen Suiten sogar einen Whirlpool oder eine Hydro-Sauna für zwei. 2018 haben die Erlachers begonnen, den »Forsterhof« von einem Apfelhof mit Pension in ein modernes Hotel zu verwandeln. Ein großer Schritt für eine »kleine Bauernfamilie«, wie Magdalena Erlacher sagt. Die duftenden

Apfelplantagen, die den »Forsterhof« umgeben, werden immer noch von ihrem Vater und ihrem Bruder bewirtschaftet. Ihren Apfelsaft kann man an der Rezeption kaufen. Auch die Marmeladen, das Gemüse,

die meisten Früchte und oft auch Wurst und Speck fürs außergewöhnlich leckere Frühstück stammen aus eigener Produktion. Was nicht gegessen wurde, kriegen die Schweine. So bleibt alles im Kreislauf. Abendessen gibt

Algund/Forst

es im »Forsterhof« nicht, da ist Erlacher realistisch: »Um beim Essen mit den großen Hotels mithalten zu können, fehlen uns die Kapazitäten.« Das ist sehr sympathisch, einen Snack gibt es trotzdem und gute Weine und Drinks an der »Vertrauensbar«. Rausgehen kann man ja morgen wieder. MN

• • • • Der Forsterhof, Brauhausstraße 45, 39022 Algund/Forst, Italien, Tel.: +39 0473 44 85 78, www.forsterhof.com, DZ ab 192 Euro

Der Heindlhof

Ferien auf dem Bauernhof, als Landkind hat sich diese Urlaubsart für mich lange nicht erschlossen. Katzen streicheln, Ponyreiten, auf Strohballen klettern, so sah meine Kindheit aus, und um Ferien in der eigenen Kindheit machen zu wollen, muss ich vielleicht noch ein bisschen älter werden. Zudem richten sich viele Ferienbauernhöfe an Familien, und die haben so einen Aufenthalt manchmal dringend nötig: Als der Großstadtsohn von Verwandten zum ersten Mal in meiner Heimat war, rief er beim Anblick einer Kuh: »Schau mal, Papa, hier gibt's Pandas!« Mittlerweile habe ich meine Meinung über Bauernhofurlaube geändert. Die Familie Fuhrmann in Bad Neualbenreuth, Oberpfalz, hat das klug angestellt.

Ihr »Heindlhof« bietet ästhetisch alles, was man sich von einem bayerischen Bauernhof wünscht: eine große alte Holzscheune, in der man auch feiern kann, duftende Blumenbeete und drum herum Wald, Feld, Wiese und kleine Barock-Kirchen. Dafür gehört alles, was auf

einem Hof Mist und Arbeit macht, der Vergangenheit an. Der Stall wurde zum Spa mit Sauna und Dampfbad umgebaut, der Heuboden zu drei riesigen Ferienwohnungen, im Bauerngarten ist nun ein Pool. In Bad Neu-

Bad Neualbenreuth

albenreuth selbst liegt das Sibyllenbad und nur wenige Kilometer weiter, hinter der tschechischen Grenze, liegen die Heilbäder Karlsbad und Marienbad, dort fahren oft ältere Paare hin – so kamen die Fuhrmanns auf die Idee mit dem Spa-Urlaub für Pärchen auf dem Bauernhof. Das funktioniert auch für Jüngere gut. Nur Pandas sucht man hier vergeblich. MN

• • • • Der Heindlhof, Poxdorf 4, 95698 Bad Neualbenreuth, Tel.: +49 9638 706, www.heindlhof.de, DZ ab 124 Euro

Hotel Muchele

Soll ja vorkommen, dass Eltern und Kinder friedlich in einem Betrieb arbeiten. Aber dass sie außerdem freiwillig zusammenleben? Hatte ich noch nie gehört. Familie Ganthaler in Südtirol besteht aus: den Eltern Hansjörg und Franziska, sie kennen sich seit Kindertagen und sind vierzig Jahre verheiratet, und den drei Töchtern Priska und Martina mit je zwei Kindern und Anna mit zwei Hunden. Alle verheiratet, Anna und Priska mit Brüdern aus Neapel, die wiederum im benachbarten Bozen das angeblich beste Fischlokal der Stadt betreiben. Alle wohnen sie in einem Haus fünfzig Meter neben dem Hotel, das die Familie in einem Vorort von Meran betreibt. Sie entscheiden gemeinsam, sagt die Mutter Franziska. Hansjörg kümmert sich um den Weinkeller, die Weinproben und die Buchhaltung. Anna schmeißt das Spa und hat jetzt auch mit Mode angefangen, Kleider, Blusen und eine Kofferkollektion, kann man an der Rezeption kaufen. Priska und Martina betreuen die Gäste, Martina lässt die Sofas, Betten und Stühle in Handarbeit fertigen. Priska kümmert sich um den Kuchltisch, auf dem die Köche direkt aus der Pfanne servieren. Natürlich sind nicht immer alle einer Meinung. Vor einigen Jahren etwa, als Franziska den Weinberg in den Marken kaufen wollte, stellte sich eine Tochter dagegen. Sie haben es ausdiskutiert. Sind gut geworden, der weiße »Verdicchio dei Castelli di Jesi« und der dunkelrote »Lacrima di Morro d'Alba«. Im »Muchele« wundert man sich ständig, wie einfach Familie doch sein könnte. LR

Burgstall bei Meran

• • • • Hotel Muchele, Maiergasse 1, 39014 Burgstall bei Meran, Italien, Tel.: +39 0473 29 11 35, www.muchele.com, DZ ab 180 Euro pro Person

Zen Rocks Mani, Kallianeika, 24016 Doloi, Mani, Griechenland, Tel.: +30 6934 21 20 39, www.zenrocksmani.com, DZ ab 90 Euro, Verpflegung extra

Manchmal ist morgens ein Trapsen zu hören. Wer die Vorhänge offen hat, sieht vom Bett aus Hunde über die Terrasse laufen. Es sind drei, sie wohnen hier. Wie auch die Katze Mimi – sowie Vivi Letsou, die Besitzerin von »Zen Rocks Mani«, einem vor knapp vier Jahren eröffneten Yoga-Retreat, das hoch über der Küste auf der griechischen Halbinsel Mani steht, dem mittleren und schönsten Finger des Peloponnes. Yoga-Retreat? Mit Meditations-Kursen und vegetarischer Kost? Ja, in dem Geist ist »Zen Rocks« entstanden, doch Vivi Letsou, die viele Jahre lang in San Francisco als Filmproduzentin tätig war, sieht es undogmatisch: »Bei uns kann man auch einfach Urlaub machen.« Es gibt gute Gründe, das zu tun. Die Abgeschiedenheit der Anlage ist nicht nur in Pandemie-Zeiten wunderbar und der Blick von Yogamatte oder Liegestuhl sensationell. Zwischen Oliven-

Zen Rocks Mani

Doloi

bäumen, blühendem Lavendel und Rosmarin bietet eine Handvoll Natursteinhäuser Platz für maximal 22 Gäste. Man wohnt in großen, luftigen Räumen, zwischen handgefertigten Holzmöbeln. Die Betten sind breit und bequem, die bunten Keramikbecken in den Bädern stammen von einem Künstler aus Athen. Wer sich im nahe gelegenen Küstendorf Kardamili mit Obst, Käse und Honig eingedeckt hat, kann sein Frühstück in der eigenen Küche zubereiten. Abends gibt es auf der Terrasse Suppen, Salate und Spanakopita (Spinatkuchen) – zubereitet vom Koch Thanos für alle Gäste, die mitessen möchten. PE

Gut Boltenhof

Hausbesitzer müsste man sein! Mietfrei auf dem eigenen Grund machen, was man will, ständig grillen zum Beispiel. Aber wo ist der Grillanzünder? In der Garage. Warum klemmt das Garagentor? Kaputt. Kann man das reparieren? Keine Ahnung, wie das geht. Ein eigenes Haus bedeutet oft weniger Idylle und mehr Arbeit, als man sich das so vorstellt. Aber wie muss das erst bei einem verfallenen Gutshof sein? Uwe und Inge Riest haben es in den Neunzigerjahren trotzdem gewagt. Damals kaufte das Ehepaar Gut Boltenhof, zog von Frankfurt am Main an die Havel und baute den Hof wieder auf,

als Bio-Landbetrieb und Urlaubsort. Nachbarn gibt es wenige, Gut Boltenhof nimmt beinahe das ganze Dorf Boltenhof ein. 2014 hat der jüngste Sohn, Jan-Uwe Riest, das Gut übernommen und renoviert, mit vielen alten

Dingen, die eine neue Verwendung fanden. Auch die Mitarbeiter wohnen fast alle auf dem Gelände. Es gibt ein Café und einen Hofladen,

hier finden Tagungen und Hochzeitsfeiern statt, manchmal kommt das »Mobile Kino« vorbei, und im Oktober trifft man sich zum Apfelsaftpressen und Erntedankfest. Im früheren Herrenhaus werden Gerichte mit Zutaten aus der hofeigenen Landwirtschaft serviert. Nach Spaziergängen in der sanft hügeligen Ruppiner Seenland-

Fürstenberg

schaft schläft man noch besser als ohnehin in dieser Ruhe. Und so fährt man mit der Überzeugung: Es kann manchmal angenehmer sein, Gast zu bleiben und das Hausbewirtschaften den Menschen zu überlassen, die sich damit gern Arbeit machen. JN

• • • • Gut Boltenhof, Lindenallee 14, 16798 Fürstenberg/Havel, Tel.: +49 33087 52520, www.gutboltenhof.de, DZ im Hotel ab 130 Euro, Ferienwohnung für zwei Personen ab 125 Euro pro Nacht

Bioärztliche Laborantin hat Alexa Schulte gelernt, aber heute ist sie Köchin, Ernährungsberaterin, Hotelbesitzerin und Kochschulleiterin. Das

Almaranto

ist so gekommen, weil sie sich in einen Banker verliebt hat, der nach London versetzt wurde, sie zog mit, dann nach Amsterdam, sie zog wieder mit, aber dort bekam sie keine Chance, in ihrem alten Beruf zu arbeiten. Dann musste ihr Mann nach Asien, sie zog wieder mit, und weil ihr langweilig wurde, stellte sie sich in Bangkok, Singapur, Seoul und Tokio in die Hotelküchen, machte dem indischen Chefkoch in Chennai klar, dass sie nicht nur abspülen wollte, und lernte kochen. So gut, dass sie bald eine Kochschule eröffnete. Erst in der Schweiz, dann in Darmstadt, jetzt im Piemont im eigenen Hotel. Ihr Mann erledigt seine Bankgeschäfte in der Rezeption im Homeoffice, sie gibt vormittags Kurse, erklärt landestypische Gewürze, kocht mit Hotelgästen: indische Idli-Küchlein aus Linsen und Reismehl, koreanisches Bulgogi, vietnamesische Pho Ga, thailändisches Pad Thai, Schweizer Rösti, natürlich auch piemontesische Nudeln mit Trüffeln, die auch auf ihrem Grundstück wachsen. Oder Desserts mit Haselnüssen von den Bäumen hinter dem Swimmingpool. Dazu Weine aus der Nachbarschaft. In der Bibliothek stehen Kochbücher aus aller Welt. Auch die Karte in den beiden Hotelres-

Calamandrana

taurants ist asiatisch angehaucht. Rein europäisch sind nur die Weinkarte und das Design der Zimmer: mit Matratzen aus Deutschland und italienischen Möbeln. LR

• • • • Amaranto
Hotel & Retreat,
Regione Quartino, 6,
14042 Calamandrana,
Italien,
Tel.: +39 0141 1847040,
www.almaranto.it,
DZ ab 140 Euro

Goldstück Saalbach

Infinity-Pool, durchdesignte Zimmer mit Plattenspielern, Lachs-Avocado-Eierkreationen: Ich habe die Angewohnheit, mir Reiseziele vor dem Urlaub genau anzuschauen. Wirkt ein Ort auf Instagram so perfekt wie das »Goldstück«, stellt er sich meistens als zu schön heraus, um wahr zu sein. Diesmal lief es anders. Mit Skigepäck stolperten wir aus dem Linienbus, der direkt vor dem Hotel hält, und wurden herzlich begrüßt. Die jungen Betreiber, Madlen und Andreas Kittl, verliebten sich im Studium, Tourismusmanagement, auf einwöchigen Reisen schliefen sie in bis zu fünf Hotels, um Ideen zu sammeln. 2021 eröffneten sie in Saalbach-Hinterglemm ein urbanes Boutique-Hotel nur für Erwachsene. »Das Wichtigste war uns, dass es gemütlich wird«, sagen sie. Also stellten sie mit einem lokalen Buchhandel eine Bibliothek zusammen und kauften einem ehemaligen Tiroler DJ seine Sammlung ab, von Schubert bis Madonna – solche Details lassen sich in keinem Bild festhalten. Unser heimeliges Gefühl auch nicht: Wir kuschelten uns auf das Außenbett des Balkons, hörten Like a Virgin – und den Gebirgsbach, in dem wir uns nach

der Sauna abkühlten. Das Frühstück schmeckte durch die regionalen Zutaten viel besser als in der Stadt. Beim Abendessen saßen wir am Kamin und nahmen uns aus roten Le-Corbusier-Töpfen nach, die frisch vom Herd kamen. Und der Barkeeper war so sympathisch, dass ein Paar ihn gleich mit seinen Cocktails mitfotografierte. Da erst fiel mir auf, dass ich mein eigenes Handy ganz vergessen hatte. DG

• • • • Hotel Goldstück, Obertaxingweg 534, 5753 Saalbach, Österreich, Tel.: +43 6541 20 488, www.goldstueck-saalbach.at, DZ ab 200 Euro

• • • • Villa Gloria, Schwimmbadweg 9, 39054 Oberbozen, Italien, Tel.: +39 0471345423, villa-gloria.it, Studio inkl. Frühstück ab 69 Euro pro Person und Nacht

Hätte ich eine vermögende Großtante, wäre ein Besuch bei ihr wie in der Villa Gloria in Oberbozen, so zumindest stelle ich mir das vor. Von Bozen nimmt man die Gondel hinauf in den Ort, wo die Gutbetuchten früher den Sommer verbrachten. Von der Bergstation sind es dann bloß ein paar Minuten zu Fuß, vorbei an einer Weide, auf der Alpakas grasen, bis zur weißen Villa mit hölzernen Erkern. Hinter Hecken und Bäumen liegt ein üppiger Garten. Das Gästezimmer ist großzügig und

Villa Gloria

Oberbozen

sonnengeflutet. Nach der Nachtruhe, versunken im Boxspringbett, stehen morgens ein Frühstückskorb mit warmen Brötchen sowie frisch gepresster Orangensaft vor der Tür, falls ich in der kleinen Esszeile im Zimmer in den Tag starten möchte. Begebe ich mich in den Salon im Erdgeschoss oder an einen der Tische im Garten, so schüttelt eine der zwei Mitarbeiterinnen des Hauses Platzdeckchen auf, brüht Kaffee und brät Eier. Ein herzhaftes Paket für die nötige Kraft am Berg. Denn direkt hinter der Villa beginnt der Wanderpfad zu den berühmten Erdpyramiden, einem Ensemble aus riesigen Lehm-Kegeln. Nachmittags, mit schweren Wanderwaden, lasse ich mich auf einer der schaukelnden Liegen nieder, mit einem selbst gemixten Gin Tonic aus dem Bar-Kühlschrank. Vom Erker im Zimmer aus sehe ich später die Berge glühen. Gäbe es jene Großtante, würde sie nun neben mir stehen, kurz versonnen lächeln – und dann weiter eilen. Sie hätte den Ausblick ja jeden Tag. VA

Die Nachkommen des berühmten Vorfahren machen nicht viel Aufhebens um sich. Sie haben voriges Jahr dem Stadtrat von Florenz bedeutet, man möge sich nicht weiter bemühen, Dantes Verbannung endlich aufzuheben. Auf dem Weingut im Valpolicella, das Dantes Sohn Pietro vor 650 Jahren gekauft hat, lebt der Graf Pieralvise di Serego Alighieri in einem abgeschotteten Nebengebäude. Die Weinproben in der Cantina sind öffentlich, man kann den hochgelobten Amarone des Grafen sowie Honig kaufen, es riecht nach Kirschfässern, in denen Grappa lagert, gelegentlich werden Hochzeitsgesellschaften bewirtet, aber in den acht Gästeappartements findet man seine Ruhe inmitten des Touristentrubels zwischen Verona und dem Ostufer des Gardasees. Kein Pool, kein Restaurant, kein Zimmerservice, die Küchen sind voll ausgestattet, bei der Ankunft findet man eine Flasche Wein auf

La Foresteria Serego Alighieri

Gargagnago

dem Wohnzimmertisch, es gibt nur Frühstück. Der Graf hält es schlicht. Wie schön. Hinter der 200 Meter langen Zypressenallee führt ein Wanderweg hoch nach San Giorgio. Etwas mehr als eine Stunde wandert man durch den Wald bis nach oben. Neben der Kirche aus dem achten bzw. elften Jahrhundert steht eine kleine Kneipe, tätowierte Kellner servieren auf der Piazza ein Nudelgericht täglich, dazu Franciacorta – und man hat einen weiten Blick auf den Gardasee zur Rechten und auf Verona zur Linken. Zwei Tage lang konnten wir uns kaum mehr wegbewegen von der Piazza. Dabei sind die Appartements sehr gemütlich.

LR

• • • • La Foresteria Serego Alighieri, Via Giare 277, Località Gargagnago, 37015 Sant Ambrogio di Valpolicella (Verona), Italien, Tel.: +39 0457 70 36 22, www.seregoalighieri.it, Appartements ab 126 Euro pro Nacht

Also, wir sind hier insgesamt vier Schafe. Wir haben viel Auslauf, weiten Blick, alles wunderbar. Das Beste ist aber, dass die Familie Soyer, auf deren Bauernhof wir rumgrasen, uns einen Stall mit Fenstern gebaut hat, die direkt an die neuen Ferienwohnungen

Ferienhof Soyer

grenzen. Also, die Wohnungen gehen so richtig rum um unseren Stall! Da können wir die Urlauber in ihren Wohnzimmern beobachten. Es gibt auch ältere Wohnungen, alle schön, aber die beiden neuen sind richtig luxuriös. Einer von den Urlaubern hat gesagt, er fühle sich wie im Fünf-Sterne-Hotel, was immer das sein soll. Ich glaube, die Gäste denken, sie würden uns beobachten, aber in Wirklichkeit sind die natürlich zu unserer Unterhaltung da. Manchmal, wenn einer gerade im Sessel döst, haue ich extra mit der Nase gegen die Scheibe, boing, dann erschrickt er schön. Die anderen hier auf dem Hof, die müde Sau Felicitas, die dicken Hasen, der

Esel Emil, das Pony Lino, alle wollen von uns Schafen immer wissen, was für Touristen jetzt gerade da sind. Aber die sind ja gar nicht immer da, die Gäste, die kommen an und sind sofort wieder unterwegs, zum Badesee sind es nämlich nur ein paar Minuten, man kann auch spazierengehen und bergsteigen (und im Winter Skifahren). Für die Kinder gibt es einen riesigen Spielraum und einen Spielplatz, der ist größer als unsere Schafwiese, und ungefähr zwanzig Kettcars oder wie die heißen. Naja, sollen die sich mal alle austoben. Heute Abend,

Rettenberg

wenn sie müde in den Sesseln hängen, erschrecke ich sie wieder, boing! Hihi. Das braune Schaf Protokoll: MF

• • • • Ferienhof Soyer, Reichen 1/2, 87549 Rettenberg, Tel.: +49 8327 262, www.ferienhof-soyer.de, Ferienwohnungen ab 130 Euro / die neuen ab 250 Euro pro Nacht

Hotel Edelweiss

Alles wie gehabt: Im Lift wird für Nasen-OPs geworben. Der Nachbarort Lech gilt immer noch als der weniger mondäne, der Weiße Ring um Zürs bleibt ein großartiger Skirundweg, und die Bodyguards von Caroline von Monaco sitzen immer noch an der Bar des »Edelweiss«. Auch die früheren Besitzer, die Brüder Strolz, denen so einiges in Zürs gehört, wohnen noch im Hotel und sind abends zum Apéro an der Bar anzutreffen. Das 150 Jahre alte Hotel wurde verkauft, aber die 66 Zimmer haben ihren Charme behalten, mit unterschiedlichen Sechzigerjahre-Tapeten und Biedermeiermöbeln. Der berühmte Après-Ski von Zürs findet mittlerweile im »Edelweiss« statt, dreimal die Woche legt ein DJ in der hauseigenen Kellerdisco Ibiza-Sound auf, diese alpenländische Oktoberfest-im-Käferzelt-Stimmung hat den Ort in den Acht-

zigerjahren ja berühmt gemacht. Dezent geht es im Restaurant zu: Ireneo Tucci ist Maître d'Hotel, sein Service und die Teller können mit einem Sternelokal mithalten. Kein Wunder, Tucci hat lange im »Werneckhof« und in der »Vinothek« in München gearbeitet, ehe er in diesem Winter vom neuen Geschäftsführer-Ehepaar gefragt wurde, ob er aushelfen könne. Im Sommer, wenn das »Edelweiss« wie ganz Zürs zumacht, fährt Tucci in die Abruzzen, um die 180 Olivenbäume zu beschneiden, die ihm sein Vater hinterlassen hat. Will sagen: Der Mann kennt sich mit Essen und Trinken aus, deswegen isst man hier viel besser, als man das in einem Skiort erwarten dürfte, erst recht mit dem neuen vegetarischen Bistro »Tian« im Haus – es ist also doch nicht alles wie gehabt. LR

Zürs

• • • • Hotel Edelweiss
Zürs 79, 6763 Zürs
am Arlberg, Österreich,
Tel. +43 55 83 26 62,
www.edelweiss-arlberg.at,
DZ ab 218 Euro

Wa

sser

Haus am Meer

Beim Strandspaziergang auf Norderney kann man das »Haus am Meer« schon von Weitem bewundern. Der Backsteinbau steht in erster Reihe: zwischen der »Milchbar«,

Norderney

wo man sich zum Sonnenuntergangs-Public-Viewing trifft, und dem Hotel respektive Sternerestaurant »Seesteg«. Bei unserem dritten Besuch auf der Insel ist endlich ein Zimmer frei, dummerweise kriegt der Mann in der ersten Woche im neuen Job keinen Urlaub, und es ist zu kurzfristig, um eine andere Begleitung zu finden. Was wir gemeinsam unternehmen wollten, zwischen Dünen spazieren, zum Leuchtturm radeln, Wein vorm Kamin, geht natürlich ebenso allein. Norderney ist auch deshalb im Winter so fantastisch, weil man schon nach einem Kilometer Strandspaziergang in der kalten Seeluft stolz ist wie nach einer Tageswanderung in den Bergen. Noch besser als Aktivsein geht allein aber Nichtstun. Das »Haus am Meer« eignet sich dafür bestens. Bei Ostfriesentee und Apfelstreuselkuchen sitze ich in der

Haus am Meer, Damenpfad 35, 26548 Norderney, Tel.: +49 4932 89 30, www.haus-am-meer-norderney.de, DZ ab 180 Euro

Kaminbar und beobachte, wie sich der Strandhafer im Sturm biegt. Auf der Couch in meinem Zimmer lese ich an diesem Wochenende zwei Bücher statt wie sonst ein halbes. Das Schwimmbad im Hotel-Spa bietet nur Platz für ein paar Züge, der Meerblick macht daraus einen Infinity-Pool. Der Ruheraum ist so gemütlich, dass ich meine Zeit beinahe verschlafe. Was nicht schlimm ist, weil niemand da ist, vor dem ich mich rechtfertigen müsste. Nachts rauscht die Nordsee. Romantik geht auch allein ganz gut. Die schönen Momente teile ich per WhatsApp. KH

Hotel Belvedere Locarno

Ist schon einige Zeit her, dass Locarno ein Hotspot in Europa war. Erst kamen steckbrieflich gesuchte Anarchisten, in den Zwanzigerjahren hüpften hier die ersten Nudisten über die Hänge des Monte Verità, eines 320 Meter hohen Hügels, nur einen Kilometer hinter der Kleinstadt am See gelegen. Es folgten Schriftsteller, Künstler, Veganer und Tanztherapisten. Nach dem Zweiten Weltkrieg kamen dann wegen des milden Klimas nurmehr Touristen, erst englische, dann auch deutsche. Das »Hotel Belvedere« hat sie alle gesehen. 130 Jahre alt, auf halbem Weg zur Kirche Madonna del Sasso, eine Standseilbahn führt von der Innenstadt an Palmen vorbei hinauf. Jeden August wird

die glamouröse Vergangenheit spürbar, wenn auf dem Hauptplatz das Freilichtkino für das Filmfestival aufgebaut wird: Dann kommen die Filmleute ins »Belvedere«. Den Rest des Jahres wollen Hotelgäste wandern oder mit den E-Bikes aus der Hotelgarage ins grüne Maggiatal oder auf den Monte Brè Sopra Locarno fahren, von dem aus man über weite Teile des Lago Maggiore blickt. Und man isst gut in diesem Teil des Tessins: Pilzrisotto, Polenta, Wild. Oder Brot und Kuchen mit Farina bóna, einer alten Maismehlsorte aus der Region. Dazu Rotwein aus Bellinzona und hinterher Nussschnaps. Gibt es alles im sagenhaften Hotelrestaurant »La Fontana«. Der italienische Hoteldirektor hat zuvor über der Grenze am Comer See gearbeitet. War wunderbar, aber nach Italien, sagt er, zieht es ihn nicht mehr zurück. Wegen der noch schöneren Landschaft am Lago Maggiore, wegen der Mentalität. Das Hotelpersonal bringt jedem unaufgefordert eine Torte, der während seines Aufenthalts Geburtstag hat. LR

Hotel Belvedere Locarno, Via ai Monti della Trinità 44, 6600 Locarno, Schweiz, Tel.: +41 91 751 03 63, www.belvedere-locarno.com, DZ ab 290 Euro

Es macht was mit einem, wenn im Wohnzimmer eines Ferienhauses als zentrales Möbelstück ein Plattenspieler steht. Wenn daneben noch zehn ausgewählte Vinyl-Alben bereitliegen, bekommt der Urlaub seinen eigenen Soundtrack. Das Frühstück wird von der rauchigen Stimme von Nina Simone begleitet. Als Beilage zum Mittagessen – aus einem der drei Fischgeschäfte um die Ecke – machen sich Simon & Garfunkel hervorragend, manchmal knackt die Platte zärtlich. Beim Grillen im Garten, der mit Rosen, Lavendel, Sylter Natursteinwällen und einem Strandkorb gestaltet wurde, macht sich Otis Redding gut. Man kommt sich vor wie in einer kitschigen Sylt- oder Bierwerbung,

Senhoog Ferienhaus Leuchtturmseele

was nicht nur an der Plattensammlung liegt, sondern auch an der Ausstattung des Ferienhauses »Leuchtturmseele« in Westerland: Feinstes dänisches Interior Design trifft auf Sylter Kuschelstil – dazu ein Schwedenofen aus dem 19. Jahrhundert, antike, weiß geölte Holzfußböden, die Bäder aus Natursteinen, gleich zwei mit vielen angenehmen Überraschungen gefüllte Weinkühlschränke. Man merkt, dass die Senhoog-Ferienhäuser, wie sie sich

Sylt

nennen – es gibt zwei auf Sylt und eines im Zillertal – von Profis gestaltet und geleitet werden, einem Hotelier-Ehepaar aus Baden-Württemberg. Und wenn man dann mal die lieb gewordene Nadel vom Plattenspieler nimmt, um über die große Düne zu steigen, kann man Stunden damit verbringen, dem schönsten Sound der Welt zuzuhöhren: dem Rauschen des Meeres. KG

Senhoog
Ferienhaus Leuchtturmseele,
Lerchenweg 14, 25980 Sylt,
Tel.: +49 465 18 86 59 04,
www.senhoog.com, für
4 Personen ab 420 Euro
pro Nacht

Lederer Hof

Der Lederer Hof – Boutique Hotel & Appartements, Schwaighofstraße 89, 83684 Tegernsee, Tel.: +49 8022 922 40, www.derledererhof.de, Appartements ab 125 Euro pro Nacht

Ich denke fast jeden Tag ans Reisen. Beim Karottenschneiden überlege ich, wann ich wieder ans Meer komme. An der Bushaltestelle erinnere ich mich daran, wie ich in Norditalien als Studentin voller Glücksgefühle eine Packung Ricotta in mich hineinlöffelte. Und wenn ich auf dem Nachhauseweg im Wind friere, denke ich an den starken Wind, der auf meiner Lieblingsinsel immer bläst, und bin für eine frierende Person überraschend glücklich. Ich zehre von den Urlaubserinnerungen und gleichzeitig von der Vorfreude darauf, neue Erinnerungen zu schaffen. Dabei habe ich in den vergangenen Jahren durch eine Mischung aus Corona-Erfahrung und Klimabauchschmerzen gelernt, dass man nicht weit fahren muss, um sich weit entfernt zu fühlen. Allein schon, weil es in der Nähe von München Unterkünfte wie den »Lederer Hof« am Tegernsee gibt. Er wird geführt von den Schwestern Roxan und Laura

Tegernsee

Schabmair, die ihn wundervoll modernisiert haben. Mit stilvoll eingerichteten Appartements, den bequemsten Matratzen, auf denen ich je geschlafen habe, einer großen Liegewiese im Garten und einem sehr, sehr guten Frühstück. Und so kann ich an kalten Bushaltestellen in Zukunft daran denken, wie schön es war, abends im öffentlichen Schwimmbad direkt am Tegernsee zu schwimmen, mit Blick auf das türkisgrünblaue Wasser. Später am fast leeren Ufer entlangzuspazieren und nachts auf einer überdachten Terrasse zu sitzen und das Gewitter über den Bergen zu beobachten. So weit weg von meinem Alltag – und zum Glück nur wenige Kilometer entfernt. DW

Gästebücher sind gute Geschichtsbücher. Die vom »Danner-Hof« etwa dokumentieren auch 90 Jahre Tourismus in Bayern: Ab 1930 gab es hier neben der Landwirtschaft auch Fremdenzimmer, anfangs ohne fließend Wasser; in den Sechzigerjahren wollten die Sommerfrischler im Kuhstall mitarbeiten; heute freuen sich die Aktivurlauber über den eigenen Keller für Stand-up-

Danner-Hof

Paddel-Boards und E-Bikes. Patricia Danner hat mit ihrem Mann Peter 2018 als dritte Generation den »Danner-Hof« übernommen. Ihre kleinen Kinder, vielleicht ja Generation vier, wuseln schon durch die Rezeption. Anstrengende Zeiten: als junge Eltern den Hof führen, der große Umbau, dann Corona. Die letzten

Ochsen des »Danner-Hofs« sind weggegeben, sie haben dafür im großen Stil angebaut ans ursprüngliche Gebäude: Raum für neue Appartements, neue Doppelzimmer, einen neuen Wellnessbereich, ein schöneres Café. Wochenlang sind Patricia und Peter Danner durch Österreich und Südtirol gefahren, um Anregungen zu sammeln, im Oktober 2020 war alles fertig, dann genau eine Woche offen, bis der Lockdown kam, mit minus

Kochel am See

24 Prozent Gästen in der Tourismusregion Kochelsee. Jetzt der Neu-Neustart. Ihr Angebot wirkt gottlob krisensicher: Der Kochelsee ist nur drei Autominuten weg, der Walchensee, die »bayerische Karibik«, 15 Minuten. Dazu Herzogstand, Jochberg-Heimgarten, das Loisach-Kochelsee-Moor. Und der kleine Ort Kochel am See ist abends, wenn es noch ruhiger wird, ein richtig guter Blutdrucksenker. MB

Danner-Hof, Schlehdorfer Str. 14, 82431 Kochel am See, Tel.: +49 8851 51 54, www.danner-hof.de, DZ ab 155 Euro, Appartement ab 175 Euro pro Nacht

Castello

Was für eine märchenhafte Geschichte: Ein Bauernbursche aus den Abruzzen bildet sich ein, aus dem örtlichen Tischwein etwas Besonderes machen zu können, geht zum Lernen nach Frankreich, geht nach Kroatien, um Barriquefässer zu besorgen, kommt mit einer Frau zurück und beginnt in einer Garage, einen Rotwein zu machen, der bald Preise gewinnt. Der Winzer heißt Gianni Masciarelli, seine Frau Marina, der Wein Montepulciano d'Abruzzo. 2,5 Millionen Flaschen produziert das Weingut auf 300 Hektar heute, auch Weißwein. In das Castello, das die beiden für sich und ihre Tochter renovierten, sind sie nie eingezogen. Gianni starb 2008 auf einer Geschäftsreise in Deutschland. Marina hat ein Hotel daraus gemacht. Ich schlief im ehemaligen Geräteschuppen, Zimmer 12. Und ich hätte nicht tauschen wollen

Casacanditella

di Semivicoli

mit den herrschaftlichen Räumen im Obergeschoss des Haupthauses. Ich saß vor dem Zimmer im Garten, unten das Meer, links die Weinberge, rechts und links dahinter die Berge des Gran Sasso und vor mir eine Flasche mit einem Wein namens »Marina Cvetic«, der mir fast noch besser schmeckte als der Montepulciano, der nach Gianni benannt ist. Pescara und der Strand sind nah, in den Bergen lag noch Schnee. Aber ich habe den Grund des Castello nicht einmal verlassen in den 48 Stunden, die ich dort sein durfte. Ich aß im Castello, ging zwischendurch im Pool schwimmen, schaute in die Landschaft und vermisste nichts weiter. LR

Castello di Semivicoli,
Via S. Nicola, 24,
66010 Semivicoli,
Casacanditella, Italien,
Tel.: +39 0871 89 00 45,
www.castellodisemivicoli.com,
DZ ab 140 Euro

Wenn es so etwas wie eine Luxus-Familienpension gibt, dann hier: Francesco Seresinas Eltern wohnen unterm Dach, die Hunde Gina und Rocco liegen irgendwo im Flur, Seresinas Frau arbeitet im Service, er überall. Die Möbel auf den Zimmern stammen teilweise aus Familienbesitz, die Dekoration hat die Mutter ausgesucht. Luxus wegen der Sicht auf den See, der Ruhe, des Pools, des ungemein aufmerksamen Services, des 200 Jahre alten Parkettbodens, des Weinkellers mit 400 überwiegend italienischen Etiketten, der Ravioli mit Seehecht oder Trüffeltagliatelle, die Restaurantgäste bis aus Brescia anziehen. Dabei hat Francesco Seresina seinen Koch aus Apulien gewarnt, er dürfe hier keinen Stern erkochen,

Villa Sostaga

auf Aufhebens verzichtet er lieber. Einige Rezepte sollen von der Urgroßmutter stammen, die für Gabriele D'Annunzio kochte, den Dichter und Mussolini-Förderer. Seresinas Eltern pflegten schon immer ein offenes Haus. Der Vater führte einen Rennstall, Formel 3 und Tourenwagen, da räumte Francesco öfter sein Kinderzimmer für einen Fahrer. Vor 17 Jahren zogen die Eltern an den Gardasee, mieteten oberhalb von Gargnano eine Feltrinelli-Villa, renovierten sie und benannten sie um in »Sostaga«, so hieß das 500 Meter hohe Plateau über dem See, kein Mensch weiß, warum. Irgendwann rief der Vater den Sohn aus Mailand zur Hilfe, der übernahm unter der Bedingung: eine Firma, ein Chef. Aber natürlich streiten sie sich hin und wieder. Der Sohn wohnt jedenfalls lieber nicht in der Pension, sondern einen Kilometer weiter. LR

Navazzo di Gargnano

Villa Sostaga, Via Sostaga 19, 25084 Navazzo di Gargnano, Italien, Tel.: +39 0365 79 12 18, www.villasostaga.it, DZ ab 198 Euro

Unstad Arctic Surfer

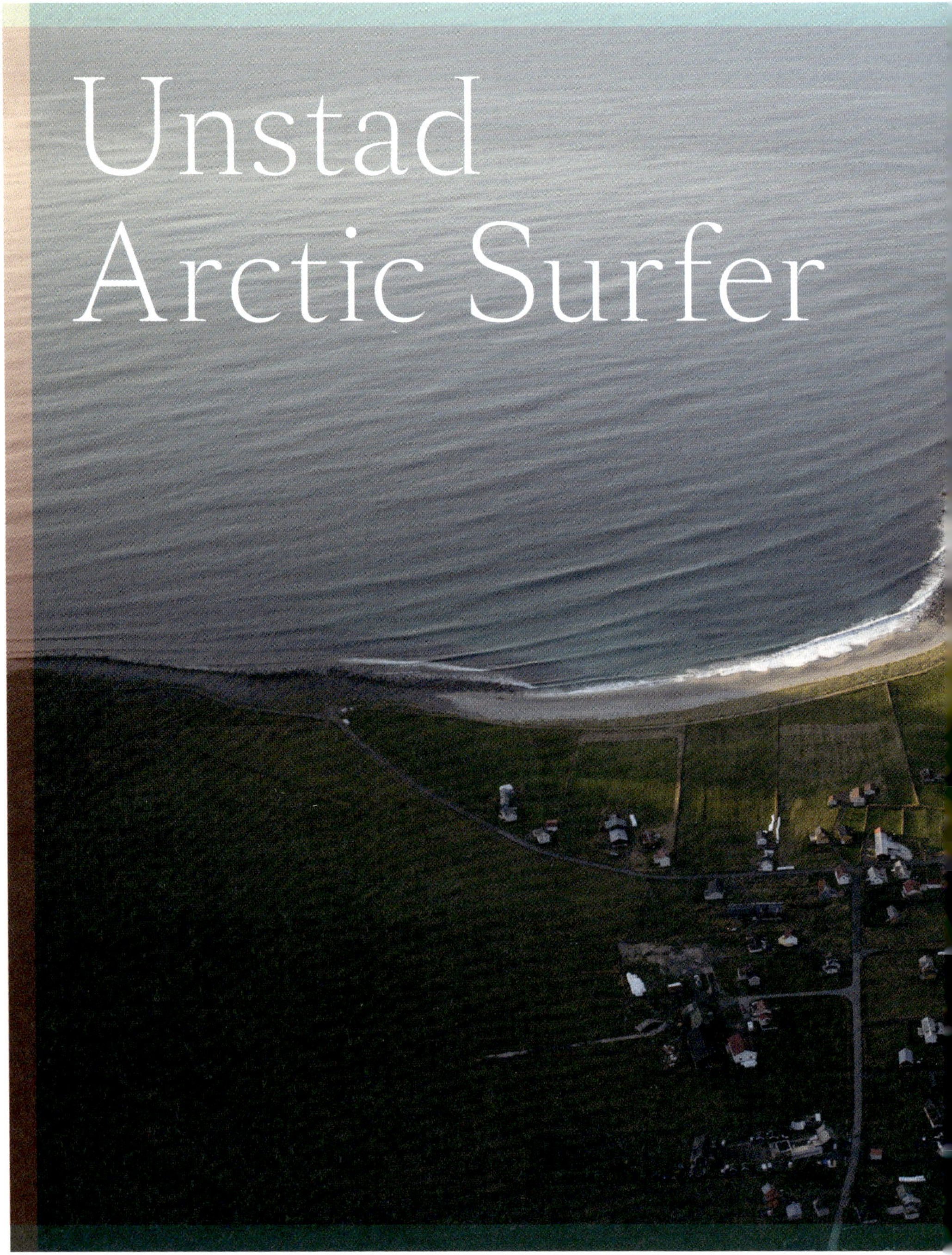

Bitte hier niemandem mit Venice Beach kommen. Hätten die Leute lieber in Kalifornien surfen wollen, wären sie hingeflogen. Sind sie aber nicht. Sie lümmeln im »Unstad Arctic Surf Camp«, dem unwahrscheinlichsten Surfspot der Welt, und warten auf die nächste Welle, vielleicht auch nur darauf, dass der gottverdammte Regen aufhört. Wobei der Regen hier ja dazugehört. Wir sind immerhin auf den Lofoten, einer norwegischen Inselgruppe nördlich des Polarkreises: 68. Breitengrad, durchschnittliche Wassertemperatur zehn Grad – im Sommer. Hier haben Tommy Olsen und Marion Frantzen ein Surfcamp aus kleinen Holzhütten gebaut. Zum Frühstück gibt es Trockenfisch und Saft, danach werden die Bretter gewachst. Das ist enorm kontemplativ, noch besser ist nur die Überwältigungskulisse:

Bøstad

〰 Unstad Arctic Surf, Unstadveien 105, 8363 Bøstad, Norwegen, Tel.: +47 97 06 12 01, www.unstadarcticsurf.com, Appartement für 6 Personen ab 50 Euro pro Person und Nacht

neongrüne, urgewaltige Bergketten zu beiden Seiten, ein ewiges Tal bis zum Halbmondstrand. Alles fließt ineinander. Im Sommer gibt es hier Nächte, die wie Tage wirken. Und im Winter Tage, die Nacht bleiben. Dann kann man am Kamin den Altvorderen lauschen. Sie werden von Thor Frantzen und Hans Egil Krane berichten, den ersten Surfern, die 1963 die arktische Brandung besiegten. Mit Brettern, die sich an dem Cover der Beach-Boys-Schallplatte »Surfin' Safari« orientierten. Die Boards hängen bis heute im Camp. Jeder Gast muss an ihnen vorbei, ahnend, wie hart und kalt es werden wird, sich ihrer würdig zu erweisen. MH

Warum nennst du deine Hotels Schweine, wird Robin Hutson immer wieder gefragt. »The Pig«, antwortet der Hotelier, »klingt wie der Name eines Pubs, und vor einem Pub fürchtet sich niemand.« Scheint zu stimmen. Sechs »Schweine« hat er seit 2011 eröffnet, eines davon hier an der Stadtmauer von Southampton, eineinhalb Zugstunden südwestlich von London. Zwölf helle Zimmer in einem Haus aus dem 19. Jahrhundert, und als gelte es, jener Zeit treu zu bleiben, erinnert die Deli-Bar, die gleichzeitig noch

The Pig

Lobby und Frühstücksraum ist, an die Salonkulisse einer Jane-Austen-Verfilmung: alte Dielen, tiefe Sessel, auf dem Kaminsims ausgestopfte Tiere. Lesen kann man hier und einen frischen Pfefferminztee trinken. Die Blätter für den Tee kommen aus dem eigenen Garten außerhalb der Stadt, und was dort nicht wächst, wird bei Produzenten im Umkreis von 25 Meilen gekauft. Überhaupt geht es im »Pig« recht ländlich zu. Auf den

Southhampton

Zimmern hängt gerahmter Farn, illustrierte Bücher klären den Gast über Schweine- und Hühnerhaltung auf. Raus jetzt, bevor man sich noch wirklich von der Idee locken lässt, so ein echtes Schwein gehöre unbedingt zu einem Erwachsenenleben in der Stadt. Auf zum nahen Fluss Test, der in den Ärmelkanal mündet und so breit ist, dass Fähren und Containerschiffe auf ihm fahren. In der Nähe hat 1912 die »Titanic« abgelegt, und schon damals tranken die Menschen Bier an der Bar des »Pig«, das seinerzeit »Royal Standard« hieß. Auch schon kein besonders furchterregender Name. LFC

〜 The Pig – in the Wall, 8 Western Esplanade, Southampton SO14 2AZ, Großbritannien, Tel.: +44 345 225 94 94, www.thepighotel.com, DZ ab 268 Euro

Ammos Hotel

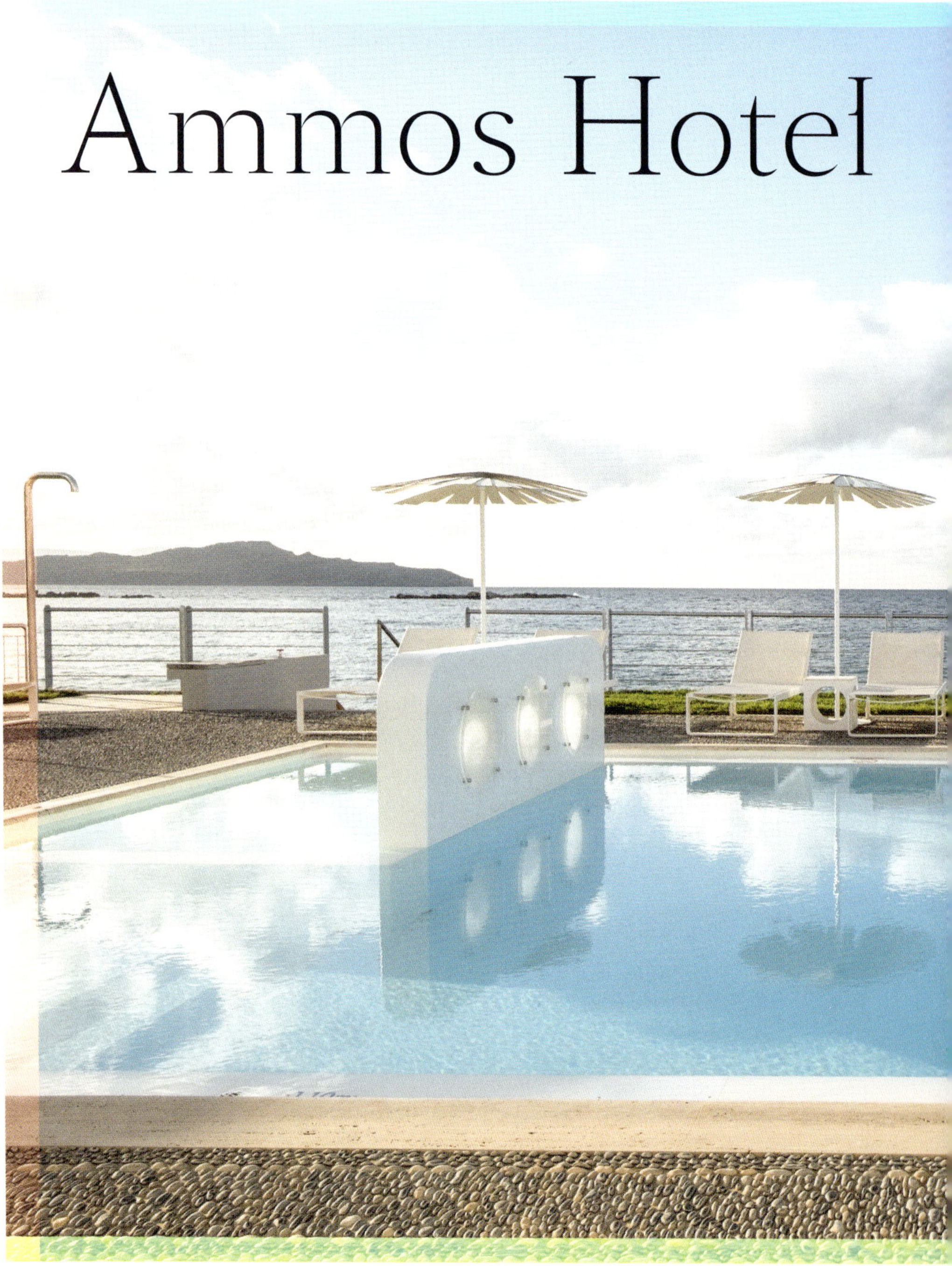

Kreta

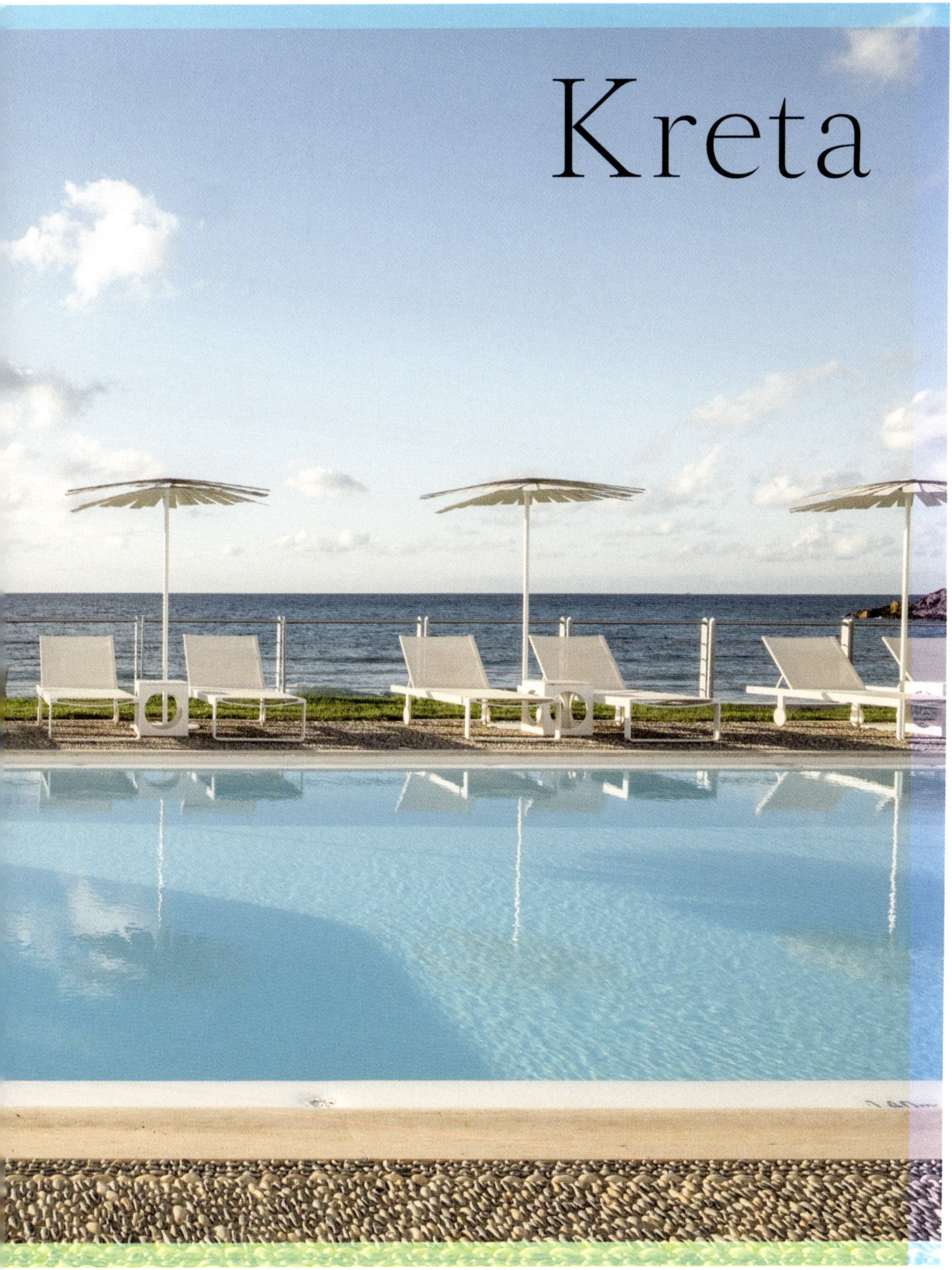

Irgendwann, wenn dieser ganze Mist vorbei ist, wenn wir wieder reisen können, wenn wir wieder das Meer sehen können, dann werde ich – nein, nicht unbedingt die Welt entdecken, das muss gar nicht sein. Ich werde vielleicht einfach ein paar Urlaube wiederholen, an die ich jetzt, in diesen brutal gebremsten Zeiten, so oft zurückdenke. Zum Beispiel den im »Ammos Hotel«. Das war damals am Ende eines ziemlich stressigen Sommers, wir waren das ganze Jahr nicht weg gewesen, ständig zu tun, ruhelose Zeit, nun musste bitte noch eine kurze Woche sein, raus aus allem. Wir kamen im Norden von Kreta an: eine staubige Landstraße, ein paar verschlafene Läden, eher trostlos. Aber von da aus ein paar Schritte runter in Richtung

Meer – plötzlich das Paradies. Ein kleines, sehr weißes Hotel, die Zimmer schlicht und elegant. Das Einzige, was zwischen Bett und Meer lag, war ein kindgerechter Pool. Im superhübschen Frühstücksraum wartete jeden Tag das liebevollste Buffet des Mittelmeerraums (allein

Ammos Hotel, Irakli Avgoula, 73100 Chania, Kreta, Griechenland, Tel.: +30 28210 330 03, www.ammoshotel.com, DZ ab 150 Euro

der Gedanke an den Joghurt mit Granatapfelkernen und zerstoßenen Keksen hilft

mir sehr durch die Corona-Tage), am Strand weitete sich der Blick ins Endlose. Dazu ein Team aus lauter jungen Leuten, die das Hotel wie eine Familie führen. Wir bewegten uns sechs Tage lang keinen Meter weg. Eine Woche, so erholsam wie ein Jahr Auszeit. Vielleicht sollte ich Nikos, dem Hotelchef, jetzt schon mal eine Mail schreiben, wie es bei ihm eigentlich im Herbst so aussieht. Es wäre eine Perspektive. MF

Al Ponticello

Klein-Venedig nennt man Comacchio wegen der Kanäle, die sich durch den Ort ziehen, er liegt mitten im Po-Delta. Suchen Sie Sarah auf, zwölf Zimmer hat ihre Pension »Al Ponticello«, direkt an einem dieser Kanäle. Ohne Rezeption, ohne Zimmerservice, aber inklusive persönlicher Ausflugsplanung, am Wochenende gar mit

Stadtführung durch Sarahs Mann Riccardo. Zum Frühstück bringt Sarah Kuchen und Eier und Schinken und Kaffee bis zum Abwinken, und dann verleiht sie die Fahrräder, mit denen man zum Strand fährt, unbedingt den längeren Weg über den Rand der Lagune, vorbei an den Reihern und Flamingos, die aus Südfrankreich ausgewandert sind, weil es ihnen dort zu eng wurde, vorbei auch an den Aalnetzen und Körben – Aal, die große Spezialität in Comacchio, nun ja, wer es mag, eine fette Angelegenheit.

Beherzigen Sie Sarahs Rat und setzen mit der kleinen Fähre am Hafen auf die andere Seite des Po-Kanals nach Porto Garibaldi über, bestellen Sie dort im »Ristorante Europa« Fritto misto und den Hauswein und hinterher die Tiramisu bei dem alten Ehepaar, das das Restaurant schon seit jeher führt. Am Abend schickt Sie Sarah – und da wissen Sie ja schon, dass man ihren Ratschlägen unbedingt Folge leisten sollte – in die »Locanda del Delta«, ein Slow-Food-Restaurant mit großartigen Tagliatelle frutti di mare. Machen Sie auf dem Rückweg Halt im »Al Cantinon« und schauen sich hinter der Eingangstür die Fotos von Sophia Loren an. Hat sich nicht viel geändert in Comacchio, seit sie in dem Ort vor sechzig Jahren einmal gedreht hat. LR

Comacchio

Al Ponticello,
Via Cavour 39,
44022 Comacchio,
Tel. +39 0533 31 40 80,
www.alponticello.it,
DZ ab 95 Euro

Frühstücks-pension Hanslmann

Es ist dieser Blick auf das Höllengebirge, von dem Gustav Mahler zu Freunden, die ihn in Steinbach am Attersee besuchten, gesagt hat: »Sie brauchen gar nicht mehr hinzusehen. Das habe ich alles schon wegkomponiert.«

Heute sitzt man auf der Prachtwiese vor der »Pension Hanslmann« zwischen Obstbäumen und wilden Blumen und blickt auf das Gebirge – und auf den See direkt vor sich. Nur darum geht es: einfach schauen. Sich entspannen. Dass man das hier so gut kann, liegt nicht nur am See, den Wäldern und den

Wanderwegen, sondern auch an Gina Brandlmayr, einer gebürtigen Steinbacherin, die mit dem »Hanslmann« eine zeitgemäße und sehr lässige Gastlichkeit geschaffen hat. Brandlmayr hat früher als DJane gearbeitet, sie wurde in der Wiener Kulturszene sozialisiert. 2013 übernahm sie die elterliche Pension und brachte das Beste aus der Stadt mit aufs Land. Ihr Konzept ist im Grunde einfach – sie tut für Gäste, was sie selbst gut und schön findet: Haus und Möbel aus den Siebzigerjahren behutsam renovieren, neue Bäder einbauen, mit besten regionalen Zutaten kochen, Kräuter anbauen, selbst gemachte Würste am Feuer braten, Zeichenkur-

Steinbach am Attersee

se oder Nachhaltigkeitsvorträge organisieren. Und um das alles kein Aufhebens machen. Auch nicht darum, dass außergewöhnliche Orte auch außergewöhnliche Menschen anziehen: Was die Godmother of Punk, Patti Smith, die 2015 hier war, schon alles wegkomponiert hat, bleibt ein Geheimnis. ME

Frühstückspension Hanslmann, Unterroith 1, 4853 Steinbach am Attersee, Österreich, Tel.: +43 664 213 83 58, www.hanslmann.at, DZ ab 100 Euro

Insel der Sinne

Über den Abbau von Braunkohle war in den vergangenen Jahren viel zu lesen. Positives war selten dabei. Ganze Dörfer werden dafür umgesiedelt, keine Energiequelle ist schädlicher fürs Klima als diese. Auch fernab der Braunkohle ist die Gegend um Görlitz für die Umwelt ein harter Landstrich: Der Osten Sachsens ist eine der trockensten Regionen Deutschlands. Nur 15 Autominuten von Görlitz entfernt lässt sich allerdings bestaunen, was auch aus einem Braunkohletagebau werden kann: Bis 1997 wurde in der Oberlausitz Kohle gefördert. Fünf Jahre später begann man, das riesige Loch mit Wasser zu fluten. Und heute befindet sich hier einer der größten Seen Sachsens, wenige Kilometer vor der Grenze zu Polen. Am Ufer hat sich die »Insel der Sinne« angesiedelt, ein Vier-Sterne-Hotel mit Restaurant und Spa. Wem das Glück zuteil wird, ein seeseitiges Zimmer im Erdgeschoss zu bekommen, der kann direkt von der eigenen Terrasse über eine Leiter ins Wasser steigen. Alle anderen müssen sich bloß entscheiden, ob sie vom Holzsteg springen oder über den hoteleigenen Sandstrand in den See waten. Wem es unter dem Sonnensegel in einer der von Pflanzen abgeschirmten Strandbuchten zu langweilig wird, der gleitet mit einem Stand-up-Paddle übers Wasser, umrundet per Fahrrad den See oder spaziert zum letzten Relikt des Tagebaus: 15 Fußminuten entfernt steht der Bagger 1452. Früher war er ein Schaufelradbagger in der Braunkohleförderung, heute ist er eine Sehenswürdigkeit. JW

Görlitz

Insel der Sinne, Am See 33, 02827 Görlitz, Tel.: +49 35822 55 40, www.inseldersinne.de, DZ ab 217 Euro

Bikini Island & Mountain Hotel

Im Innenhof blühen rosafarbene Trompetenbäume, Passionsblumen und Kannenpflanzen. Am Boden des fünfeckigen Pools schillert ein Blumenmosaik in Form eines Peace-Zeichens. Auf den Treppen, die von Port de Sóller in das am Hang gelegene Hotel führen, stehen leicht abgewandelte Refrains altbekannter Hits: »If you're going to Bikini, be sure to wear some flowers in

your hair.« Mit den Bongo trommelnden Nackten am mallorquinischen Hippiestrand Cala Varques hat das »Bikini Island & Mountain Hotel« in Port de Sóller allerdings nicht so viel zu tun. Ein echter Hippie pennt im Tipi, heißt es landläufig, aber Lässigkeit und Luxus müssen sich nicht ausschließen, deshalb gibt es im Ho-

tel ordentliche Betten, eine Klimaanlage und WLAN. Auf dem Balkon steht ein Tagesbett mit Blick auf die Bucht von Port de Sóller, es riecht nach Räucherstäbchen,

Port de Sóller

Meer und tatsächlich auch Joints. In den Zimmern geht es weiter mit den Reminiszenzen aus dem Kalifornien der Sechziger- und Siebzigerjahre: Makrameeschmuck, Korbstühle, Flickenteppiche und Kopfkissen mit dem Aufdruck: »Make love, not war«. Der Hippie-Chic passt gut zu diesem ursprünglich recht hässlichen Kasten an der Nordwestküste Mallorcas, den die Gründer der 25hours-Hotelkette umgestaltet haben. Das Restaurant ist israelisch-mediterran. Bei Hummus in drei Farben und Sitar-Klängen denkt man dann auch ohne Drogen kurz darüber nach, ob das mit den langen Haaren damals nicht doch eine gute Idee gewesen ist. TA

Bikini Island & Mountain Hotel Port de Sóller, Carrer de Migjorn 2, 07108 Port de Sóller, Mallorca, Spanien, Tel.: +34 971 63 17 00, www.bikini-hotels.com, DZ ab 137 Euro

Panoramahaus

Ich kannte mal jemanden, dessen erstes Wort als Kind nicht »Mama« oder »Wauwau« war, sondern »Licht«. Ein schönes erstes Wort, natürlich sehr symbolisch und überhaupt wahnsinnig aufgeladen, wer will, kann gedanklich die erste Abzweigung zur Aufklärung und dann zu Goethe nehmen. Aber genau dieses Wort ist es auch, das mir durch den Kopf geht, wenn ich an die Tage im »Panoramahaus« auf der Ostseeinsel Usedom denke. Das Haus ist toll, außen wie innen schlicht, hölzern, geradlinig, mit kleiner Sauna, zwei Terrassen, Garten, Grill, Kamin, einem riesigen, irre bequemen Sofa, gefülltem Wein- und Sektschrank und überhaupt sehr gut und liebevoll ausgestattet. Was

Panoramahaus, Schubertstr. 4 B, 17454 Zinnowitz, Usedom, Tel.: +49 171 482 40 09, www.panoramahaus-usedom.de, ab 310 Euro pro Nacht für max. 8 Personen

das Haus aber wirklich zu etwas Besonderem macht, ist das Licht. Das Licht am Morgen, wie es kühl und klar vom Meer durch die Flurfenster scheint, das Licht während des ersten Kaffees, wie es zärtlich die noch zugezogenen Gardinen umspielt, das Licht am späten Nachmittag, das goldgelb vom Garten ins Wohnzimmer fällt und den ganzen Raum in Honig taucht. Ich habe so ein Licht bisher nur ein weiteres Mal in meinem Leben gesehen, an meinem ersten Tag in Los Angeles, völlig übermüdet, als ich mit dem Fahrrad auf die Abbot Kinney in Venice Beach abbog. Ich war seitdem nicht wieder in Los Angeles, aber dieses Licht, das habe ich ganz tief in mir eingeschlossen, für dunkle Zeiten. Ich weiß, dass das kitschig klingt, aber das »Panoramahaus« hat es wieder zum Leuchten gebracht. MN

Usedom

Das im Juli eröffnete »Noah Surf House« sieht aus, als hätte ein Zwölfjähriger im Lotto gewonnen und sich mit dem Geld das Hotel seiner Träume gebaut. Es liegt an einem schönen, langen Strand im portugiesischen Örtchen Santa Cruz, wo man fast immer ordentliche Wellen zum Surfen findet. Am Meer steht das zum Hotel ge-

Noah Surf House

hörende »Noah Beach House«, das Burger, Milchshakes und selbst gemachtes Eis am Stiel im Angebot hat – das Essen wird auf Wunsch auch in eines der bunten Zelte am Strand gebracht, die für die Gäste als Sonnenschutz aufgebaut sind. Im Hotel selbst gibt es auf der oberen Sonnenterrasse einen Whirlpool, auf der unteren Terrasse eine Skateboard-Bahn neben einem Infinity-Pool. Im hoteleigenen Surfbrett- und Skateboard-Verleih laufen neue Surffilme auf einem Flachbildfernseher, und im Erdgeschoss hat ein Surfshop bis spätabends geöffnet.

Übernachtet wird in Bungalows, die auf Stelzen stehen. In den Bungalows finden sich Sitzsäcke, Kamin und Chill-out-Ecken, in manchen hängt ein Boxsack von der Decke. Geplant und gebaut hat das »Noah Surf House« ein Erwachsener. Aber Gonçalo Alves, ein leidenschaftlicher Surfer, der hier aufgewachsen ist, muss sehr Kind geblieben sein – oder er hat gut auf seine beiden zwölfjährigen Jungs gehört. Die Zwillinge sind oft im Hotel, wo sie mit Freunden skaten oder im Pool baden. Wenn sie nicht gerade surfen oder am »Beach House« ein Eis essen. Mit zwölf hätte man sich von dieser Familie sofort adoptieren lassen. MB

Santa Cruz

Noah Surf House, Avenida do Atlântico 2560-061, Santa Cruz, Portugal, Tel.: +351 261 93 63 60, www.noahsurfhouse-portugal.com, Bungalow für 2 Personen ab 180 Eur pro Nacht

Schmidhuber, Tabing 24 A, 83339 Chieming, Tel.: +49 8667 162 00, www.schmidhuber-chiemgau.de, Wohnung für 4 Personen ab 190 Euro pro Nacht

Manchmal macht mich schönes Wetter nervös, weil ich das Gefühl habe, dass ich sofort aufhören sollte zu arbeiten, zu dösen oder zu kochen und an einen See fahren sollte. Noch schwerer ist es für mich, wenn ich im Urlaub bin. Ich halte es kaum aus, auch nur kurze Zeit vom Wasser wegzubleiben. Hier war es anders: Ich musste mich aufraffen, die Wohnung und den Garten zu verlassen. Ich wurde

Schmidhuber

morgens von der Sonne geweckt und tappte schlaftrunken ins Wohnzimmer. Dort ist eine Fensterbank, wo man sitzen und lesen kann. Oder einfach nur schauen. Auf eine Wiese mit verwilderten Obstbäumen und Löwenzahn, dahinter die Bergkuppen, die morgens und abends leuchten. Aber auch auf der Fensterbank war ich längst nicht so lange, wie ich gewollt hätte. Denn da gab es ja auch noch den Garten mit der Hänge-

matte, der Streuobstwiese, dem Trampolin und den beiden Hofkatzen Zita und Nelly. Den Balkon, auf dem man in einer Klangwolke aus Vogelgezwitscher sitzt

und die selbst gemachte Marmelade oder den Kuchen essen kann, die bei der Ankunft schon in der Wohnung warten. Den Essbereich mit dem großen Tisch, der aus Bohlen einer alten Brücke gefertigt wurde. Das restliche Wohnzimmer, das so viele Fenster hat, dass die Sonne fast immer einen Weg in den Raum findet und alles in warmes Licht taucht. Da mag der Chiemsee mit seinem Schilf, den sanft schwappenden Wellen und den Bergen im Hintergrund noch so schön sein. Ich habe ihn gerne etwas warten lassen. DW

Chieming

Concepció

Concepció by Nobis,
Carrer de la Concepció 34, 07012
Palma, Mallorca, Spanien,
Tel.: +34 971 91 50 25,
www.concepciobynobis.com,
DZ ab 240 Euro

Wer eine Insel crschließen möchte, braucht dort erst mal einen Ort, an dem er sich sammeln und Pläne machen kann. Besonders hier, auf Mallorca, abgeschottet von den anderen Touristen aus England, Deutschland und dem Rest der Welt. Dieses weiße Gebäude aus dem 16. Jahrhundert ist das perfekte Refugium. Das Hotel liegt in der Altstadt, versteckt hinter einer Kirche. Selbst Taxifahrer zögern, in die so enge Gasse hineinzufahren. Früher war das Haus eine Manufaktur für Olivenöl und Olivenöl-Seife, mehr als 200 Jahre lang. Es gibt sogar einen Turm, von dem man die Umgebung beobachten kann. Der Blick reicht von umliegenden Dachgeschosswohnungen bis zur Kathedrale der Heiligen Maria an der Bucht von Palma. Nah dran ist man trotzdem, an den Markthallen, der Plaça Major und den schicken Läden der Carrer dels Paraires. Säcke mit Oliven hingen früher von einem steinernen Kreuzgewölbe,

heute schmückt dieses die Lounge mit ihren dänischen Sessel-Klassikern. Von Oliven angeregt ist auch die farbliche Gestaltung: Das silbrige Grün der Olivenblätter findet sich in groben Mustern auf den handgearbeiteten Fliesen der Böden und Bäder, auf der Treppe zur Terrasse und in der Einfassung des Pools auf dem Dach. Hier oben ist außer dem Gurgeln des Pools und dem Flügelschlag der Kirchentauben nichts zu hören. Auf einer der breiten Liegen kann man in den Himmel schauen und sich von Wermut auf Eis ein wenig betäuben lassen. Bis man Kraft geschöpft hat für den großen Ausflug. JB

Palma

Ein Problem, das Eltern mit kleinen Kindern kennen dürften: Wie reist man nach einem Urlaub halbwegs würdevoll ab? Also ohne Tränen oder allzu große Verstimmung? Dass der Abschied von dieser Ferienwohnung schwierig werden würde, dämmerte uns schnell. Kaum war das Auto ausgeladen, waren die Kinder in Richtung Pferdestall verschwunden. Ihr Höhepunkt der nächsten Tage: Lucy, das Pony. Lucy füttern, Lucy reiten, Lucy striegeln, Lucy anhimmeln, beim Abendessen von Lucy erzählen. Wer Pferde mag, wird den Seehof lieben: Man wohnt in einem kürzlich ausgebauten Bauernhaus,

Seehof am Waginger See

Petting

in Ferienwohnungen voll hellem Holz. Betrieben wird der Seehof von Johann Mayer, genannt Hansi, Sohn der Bauernfamilie, die hier früher Milchkühe hielt, was unrentabel wurde. Also hat Hansi, gelernter Landwirtschaftsmeister mit Spezialisierung auf Pferdepflege, den Hof zu einem Paradies für Reiter umgebaut, mit Reithalle, Galoppstrecke, Weiden, Ställen. Kinder können im Stall helfen, Reitkurse machen oder einfach Tiere beobachten (Katzen gibt es auch). Und wenn es einem mal reicht: Der Waginger See – schön leer, ziemlich flach und damit nicht nur im Hochsommer beschwimmbar – ist ganz nah. Als die Abreise nahte, kam uns der Zufall zu Hilfe: Gegenüber liegt eine

Forellenzucht (Vorbestellung unter: 08686/ 8026). Da unsere Kinder gebratene Forelle fast so lieben wie die gestriegelte Lucy, einigten wir uns so: Wir nehmen auf der Rückfahrt Fische mit und beraten beim Abendessen zu Hause, wann wir wiederkommen. TL

Seehof am Waginger See, Seehof 1, 83367 Petting, Tel.: +49 86 86 12 02, www.ferienwohnungen-waginger-see.de, Ferienwohnung für 2 Personen ab 100 Euro pro Nacht

Unter den vielen Geheimtipps für Hotels an dieser Stelle ist dieser vielleicht der geheimste, denn wer kennt schon den Ort Rigklia, den man vielleicht auch Rigglia oder Riklia schreibt, das Griechische lässt sich da nichts so leicht entlocken: Er liegt unscheinbar in den Hügeln der Mani am Peloponnes, ein paar Kilometer nach Stoupa – den Ort immerhin findet man auf der Karte – geht es links hinauf, die letzten Meter sehr steil, die Beschilderung lässt ein wenig zu wünschen übrig. Aber sonst nichts. Das liegt am eleganten Bau aus Naturstein, den man so in dieser rauen Gegend nicht erwartet, das liegt an Georgina, die einen lachend empfängt, als wäre ihre beste Freundin nach Jahren wiedergekehrt, das liegt am Pool, der die Mitte der Anlage markiert, und wer von dort nach links oder rechts schaut auf die Berge oder hinunter aufs Mittelmeer, wird eine Woche lang an nichts

Anaxo Resort

anderes mehr denken können. Drei Farben, das ist alles: das Beige der Steine, das Grün der Bäume, das Blitzblau des Meeres und des Himmels. Das Resort hat

~ Anaxo Resort, Rigglia Messinia, Mani, p.s 24024, Griechenland, Tel.: +30 27 21 07 72 22, www.anaxo-resort.gr, DZ ab 100 Euro

Mani

zwei Suiten und zehn Zimmer, von denen jedes mindestens vierzig Quadratmeter misst, ausgestattet mit Küche und Loggia und diesem sagenhaften Blick auf Berge und Meer. Warum es nur drei Sterne hat, mag erklären, wer will, ich kann es nicht. An der Rezeption liegt ein Gästebuch aus, Hymnen besingen das Frühstück, Georgina und die Umgebung – und alle haben recht. Dass ich lange mit mir gerungen habe, ob das »Anaxo« nicht doch lieber mein ganz privater Geheimtipp bleiben sollte, versteht sich von selbst, oder? SL

Tenuta Semeraro

Tenuta Semeraro, Contrada Specchia 34, Cisternino, Italien, Tel.: +39 334 311 07 91, für beide Häuser 400 bis 1200 Euro pro Nacht

Das »Tenuta Semeraro« war wunderschön. Wir hatten einfach alles: Jeden Tag kam Mario, der Besitzer des Hauses, er brachte uns frisches Essen, frische Kirschen, frischen Kuchen. Er war sehr nett, wir haben uns sehr gut verstanden. Das »Tenuta Semeraro« war früher einmal ein Bauernhaus, aber dann haben Mario und seine Frau Antonianna es in ein schönes Haus verwandelt. Das Haus ist aber immer noch so gebaut wie früher, aus Steinen. Vor dem Haus lagen auch viele Steine, spitze Steine, ich musste immer Schuhe anziehen, aber das

war nicht schlimm. Im Garten stehen mehr als hundert Olivenbäume. Und es gab frisches Olivenöl. Das Haus liegt nah am Meer, aber wir waren leider nur zweimal dort, weil rund um das Haus herum alles so schön war, dass wir gar nicht mehr wegwollten. Meine Mama mochte den Pool,

weil er so schön groß war. Mein Papa mochte die Berge, die vielen Pflanzen, damit war alles so grün. Und die Tiere. Davon gab es eine ganze Menge: mehrere Esel, Gänse, süße Katzen und sogar einen Pfau. Am besten aber war Belle, der Hund. Er hat toll mit mir Ball gespielt. Wenn ich den Ball besonders hoch geworfen habe, hat er sogar manchmal einen Salto gemacht. Das war echt cool. Hin und wieder hat er ein bisschen gezwickt, aber sofort losgelassen. Am liebsten hätte ich ihn nach Hause mitgenommen. Hoffentlich können wir Belle nächstes Jahr wieder besuchen fahren. BA, acht Jahre

Cisternino

Hotel Goldammer

Hotel Goldammer, Bahnhofstraße 10, 86911 Dießen, Tel.: +49 151 122 138 78, www.diegoldammer.de, DZ ab 135 Euro

Ich bin gern weg, muss aber nicht weit sein. Hauptsache, ich bin nicht zu Hause, wo immer etwas zu bügeln, waschen oder putzen ist. Meine neue Reisevariante: Mit dem Fahrrad Ziele in der Nähe ansteuern, einmal übernachten und am nächsten Tag wieder heimradeln.

Fühlt sich wie richtiger Urlaub an, wenn auch nur ein paar Kilometer entfernt. 24 sind es von mir bis Dießen am Ammersee. Dort erwartet mich das »Hotel Goldammer«, ein Haus von 1878, jetzt frisch renoviert mit viel Weiß, hellem Holz und einem sehr schönen Blau an den Wänden. Auch die Details sind sinnvoll: Die neun Zimmer sind nach Vögeln benannt, weil Dießen an ein Vogelschutzgebiet mit mehr als 300 Tier- und Pflanzenarten grenzt. Lampen und Besteck sind nicht nur wegen des Hotelnamens goldfarben – laut Feng Shui zieht Gold das Schöne an. Der neue Besitzer Markus Dieffenbach ist gelernter Flugzeugbauer, später betrieb er

Dießen

einen Biosupermarkt. Auch im Hotel ist alles bio, von der Allergiker-Bettwäsche bis zum Frühstück mit Demeter-Marmelade und Dinkel-Hafer-Brot. Unbedingt probieren sollte man die Kuchen (vegane Himbeertorte) aus der Konditorei Sixt, die seit 1903 zum Haus gehört. Nachmittags kann man frischen Fisch kaufen beim Gastl, Fischer in 16. Generation, oder man setzt sich einfach auf den Balkon des »Pirols« (Zimmer 22) und schaut durch die Bäume auf den See. Wenn man dann am nächsten Tag durchs Moor und über die sanften Hügel von Andechs nach Hause radelt, kommt es einem vor, als wäre man sehr lange weg gewesen. CM

Hotel Bauer Palazzo

Venedig

Ich kannte Venedig nur als Touristin. Als Stadt am Wasser. Nun war ich für unsere Modeheft-Produktion zum ersten Mal zum Arbeiten dort und habe erst jetzt so richtig verstanden, dass Venedig für die Venezianerinnen und Venezianer keine Stadt am, sondern eine Stadt im Wasser ist. Sie gehen nicht zu Fuß, auf den befestigten Straßen und Wegen, die wir als Touristen kennen. Die Einheimischen fahren mit dem Boot. Und zwar überallhin. Das hieß für unser Team: Kartons, Pakete und Koffer voller wertvoller Kleidung, Schuhe und Schmuck konnten nicht wie üblich vom Hotel ins Taxi zum Studio transportiert werden, sie kamen mit dem Postschiff und mussten dann von Boot zu Steg zu Boot zu Steg, eine ganz schön wackelige Angelegenheit. Glück für diejenigen, die eine eigene Anlegestelle haben, wie das »Hotel Bauer«, das seit 1880 in einem Palazzo direkt am Canal Grande residiert. Bis auf zwei erholsame Nächte in einem riesigen Bett und einem herrschaftlich eingerichteten Zimmer, das die Schönheit

Hotel Bauer Palazzo, San Marco, 1459, 30124 Venedig, Italien, Tel.: +39 041 5207022, www.bauervenezia.com, DZ ab 223 Euro

des alten Venedig konserviert, hatte ich nicht viel vom Hotel und seinen Annehmlichkeiten, den zwei Restaurants, zwei Bars, den Bergen von Cornetti, die es im Hotel zum Frühstück gibt. Ich musste leider früher los. Dafür durfte ich meinen Cappuccino im Morgengrauen allein auf der Terrasse trinken. Und von dort zusehen, wie sich der Nebel über dem Wasser lichtet, die ersten Boote wie schlaftrunken durch den Kanal knattern, wie die Stadt im Wasser erwacht und ich mit ihr. SF

I Freschi

Rosanna Brun war zehn Jahre lang Bürgermeisterin unten am Meer in San Bartolomeo, das alte Ligurien im vergessenen Hinterland lag ihr schon damals am Herzen. Ihre Eltern hatten einmal eine kleine Pension am Meer geführt, sie hatte da als junge Frau mitgeholfen, deswegen schien es ihr vor 13 Jahren gar nicht absurd, aus den Ruinen eines winzigen Dorfs ein Agriturismo mit acht Appartements zu schaffen. Ihr Mann Diego hat viele Holzarbeiten erledigt. Kein Appartement gleicht dem anderen, die alten Möbel sind liebevoll ausgesucht. Einfach sei der Stil, sagt Diego, so wie man früher in Ligurien lebte und aß.

Die Dächer liegen im gleichen Winkel wie die umgebenden Hänge. Frisch und grün und ruhig ist es vier Kilometer vor der Küste, ein Paradies für Frösche und Wanderer – oder Familienfeste. Rosanna Brun hat Gleichgesinnte gefunden, unter dem Namen »Mete di Liguria«

haben sie sich organisiert: Die Seele Liguriens wollen diese sechs Frauen bewahren. Sie nennen ihre Agriturismi ihr zweites Leben, weil sie vorher andere Berufe hatten. Knapp 40 Kilometer Luftlinie liegen zwischen ihnen, ideal, sie hintereinander abzufahren oder abzulaufen, es gibt einen neuen Fahrradweg an der Küste. Am Meer in San Bartolomeo übrigens kocht Roberto Rollino im Restaurant »Mood«. Er ließ sich mal nach Mailand weglocken – »aber nirgends ist die Lebensqualität so hoch wie hier«, sagt er. Das Leben im Lockdown verbrachte er mit Versuchen, Rucola zu frittieren. Experiment gelungen. LR

— I Freschi, Borgata Freschi. Via Luvea 14 bis, 18016 San Bartolomeo al Mare, Italien, Tel.: +39 0183 40 68 68, www.metediliguria.it, Appartement ab 90 Euro pro Nacht

San Bartolomeo al Mare

Le Palace de Menthon

Menthon-

Das »Palace de Menthon« war nur ein Zwischenstopp auf unserem Weg nach Südfrankreich. Aber dieses Hotel, das aussieht wie die Kulisse in meinem Lieblingsfilm »Grand Budapest Hotel«, wurde für uns dann doch viel mehr als das. Das Hotel liegt am Ostufer des Lac d'Annecy im Örtchen Menthon-Saint-Bernard. Eingebettet in einen parkähnlichen Garten und mit eigenem Badesteg, thront der 1906 erbaute Palast mit seiner imposanten Jugendstilfassade über dem See, der als der sauberste Europas gilt – das Wasser hat Trinkwasserqualität. Von fast allen der 65 Zimmer und Suiten hat man einen sagenhaften Blick. Dass hier in den vergangenen Jahren viel gepinselt und renoviert wurde, ist nicht zu übersehen – die Einrichtung, eine Mischung aus Antiquitäten, Designermöbeln und gedeckten Farrow&Ball-Farben, ist sehr chic. Trotzdem ist der Charme des längst Vergangenen geblieben. Die massiven Holztüren sind alt, man steht auf gusseisernen Balkonen. Und die Bäder und das hoteleigene Schwimmbad aus den Neunzigerjahren wurden offenbar bei der

Saint-Bernard

Modernisierung vergessen. »Le Palace de Menthon« ist nichts für Perfektionisten. Die mehr als hundert Hoteljahre haben Spuren hinterlassen, eine gewisse Nachlässigkeit ebenfalls. Wer sich nun unsicher ist, sollte sich vielleicht noch mal Wes Andersons »Grand Budapest Hotel« anschauen. So viel lässt sich sicher sagen: Wer diesen Film liebt, wird auch dieses Hotel lieben. KB

Le Palace de Menthon, 665 Route des Bains, 74290 Menthon-Saint-Bernard, Frankreich, Tel.: +33 4506 483 00, www.palacedementhon.com, DZ ab 156 Euro

Estalagem da Ponta do Sol

Man kann gut glauben, dass die Bar »Cillas« in Ponta do Sol an der Südküste von Madeira nur existiert, um ihre Besucher wieder auf den Boden zu holen. Der ältere Herr hinter dem Tresen verkauft neben Kaffee unter anderem Klebstoff und gebrauchte Akkordeons. Dinge, die einen daran erinnern, dass es ein stinknormales Leben gibt. Denn das kann man kurzzeitig vergessen, wenn man Gast einer anderen Einrichtung ist, der spektakulärsten in Ponta do Sol: im Hotel »Estalagem«. Hoch über dem Dorf thront die Anlage auf einer Felsklippe, die senkrecht zum Ozean hin abfällt. Der einzige Weg dorthin ist ein Aufzug, der einen dann in eine kleine Traumwelt beamt. Alles ist betont schlicht in

dieser Welt, die Farben der Zimmer (schwarzweiß), die Formen der Gebäude (kubisch), die Möbel (klassisches Design). Nichts soll ablenken von dem, was das »Estalagem« umgibt: Meer. Man muss sich schon im Klo einschließen, um nicht irgendwo Blau zu sehen. Alles hat Aussicht: jedes Zimmer, das Restaurant, die Pools, die Sauna, der Crosstrainer. Wenn man lange genug aufs Wasser starrt, kann man angeblich Wale sehen. Das ließ sich während des Aufenthalts nicht verifizieren, aber vielleicht wäre der Aufprall zurück in der Wirklichkeit dann auch zu heftig ausgefallen. Diese Wirklichkeit sah dann so aus: mit dem Aufzug wieder runter ins Dorf fahren, ein paar Spielkarten in der Bar »Cillas« kaufen und auf einer Bank an der Strandpromenade spielen, bis der Atlantik die Sonne verschluckt hat. SP

Estalagem da Ponta do Sol, Quinta da Rochinha, 9360-529 Ponta do Sol, Madeira, Portugal, Tel.: +351 291 97 02 00, www.pontadosol.com, DZ ab 120 Euro

Bildnachweis

Debbie Trouerbach S. 16 - 19, Till Deininger S. 20 - 21, Veerle Evens; Rhiannon Thomas S. 24 - 27, Mathias Nordgren S. 28 - 29, Agata-Sophie Stemerowicz S. 30 - 31, Martin Kaufmann S. 32 - 33, Erol Gurian Photography S. 36 - 37, Mario Vasah S. 44 - 45, Lukas Hueller S. 46 - 47, Luca Della Valle; Gabriele Granata S. 52 - 53, Josef Zink S. 58 - 59, Piotr Gesicki S. 62 - 63, Morsa S. 64 - 65, Miguel Guedes S. 68 - 69, Steve Herud S. 72 - 75, Simon von Gunten S. 78 - 79, Michel van Grondel S. 80 - 83, Sebastian Gotthardt S. 84 - 85, Romain Ricard / Herve Goluza S. 86 - 87, Michael Huber S. 92 - 95, Roland Krieg Fotodesign S. 100 - 101, Elena Krämer S. 112 - 115, Philliip Iron S. 116 - 117, Florian Holzherr S. 120 - 121, Petra Stuenning S. 130 - 131, Roberto di Fresco S. 132 - 135, Daniel Martinek S. 136 - 137, Benjamin Pfitscher S. 138 - 139, Kilian Blees S. 140 - 141, Andrea Pesce S. 150 - 151, Matthias Kronfuss S. 152 - 155, Tiberio Sorvillo S. 156 - 157, Jacopo Salvi S. 158 - 159, Stefan Klauser S. 160 - 161, Hotel Edelweiss Zürs; Anneliese Kompatscher S. 162 - 163, Carsten Heidmann; Nils Hasenau S. 166 - 169, Ydo Sol S. 172 - 173, Dominik Zimmermann / Dominik Cini S. 174 - 177, Annelies Lanz S. 178 - 179, Masciarelli Tenute Agricole S. 180 - 181, Iana Ianakieva S. 182 - 183, Kian Bourke-Steer S. 184 - 187, Jake Eastham S. 188 - 189, James Bedford S. 190 - 193, Matteo Mangherini S. 195 - 196, Paul Glaser S. 198 - 201, Amelie Niederbuchner S. 210 - 211, Fotis Serfas S. 218 - 219, Simon Watson S. 226 - 229, Luca Vieri S. 230 - 231, Studio Colas; Julien Bonjou; jmfavre-wooloomooloo S. 232 - 235

Herausgeber und Verlag danken allen, die Fotos freundlicherweise zur Verfügung gestellt haben.

Auf dem Cover abgebildet: Villa Sostaga in Navazzo di Gargnano

Auf dem Rückumschlag: Hotel Schloss Mittersill in Mittersill

Die Autor*innen

BA	Bruno Almak
VA	Vivian Alterauge
TA	Titus Arnu
PB	Patrick Bauer
MB	Marc Baumann
KB	Kerstin Bognár
JB	Jessica Braun
CC	Christoph Cadenbach
LFC	Lisa Frieda Cossham
JC	Julia Christian
SD	Susan Djahangard
ME	Mia Eidlhuber
PE	Patricia Engelhorn
MF	Max Fellmann
SF	Samira Fricke
LF	Lara Fritzsche
DG	Daniela Gassmann
KG	Kerstin Greiner
TH	Tobias Haberl
MH	Moritz Herrmann
GH	Gabriela Herpell
CSH	Claudia Simone Hoff
KH	Kathrin Hollmer
TL	Till Krause
WL	Wolfgang Luef
TM	Tania Messner
CM	Christine Mortag
JN	Jonas Natterer
MN	Mareike Nieberding
SP	Sara Peschke
LR	Lars Reichardt
ERK	Eva Reik
JR	Julia Rothhaas
SL	Susanne Schneider
NV	Nina Vogl
DW	Dorothea Wagner
JW	Julia Wagner
LW	Laura Weißmüller
SW	Silke Wichert

Impressum

in der Penguin Random House Verlagsgruppe
Neumarkter Straße 28 · 81673 München

www.prestel.de

Herausgeber: Süddeutsche Zeitung Magazin
Gesamtredaktion: Lars Reichardt
Design und Layout: Birthe Steinbeck
Projektleitung Verlag: Andrea Bartelt-Gering, Prestel
Textredaktion: Lina Schönach
Bildredaktion: SZ-Magazin, Michelle Walter
Korrektorat: Anne Hagenlocher, Bad Boll
Herstellung: Luisa Klose
Lithografie: Schnieber Graphik
Druck und Bindung: DZS Grafik, d.o.o., Ljubljana

Printed in Slovenia

MIX
Papier | Fördert gute Waldnutzung
FSC® C106600
FSC www.fsc.org

Penguin Random House Verlagsgruppe FSC® N001967

ISBN 978-3-7913-8952-3

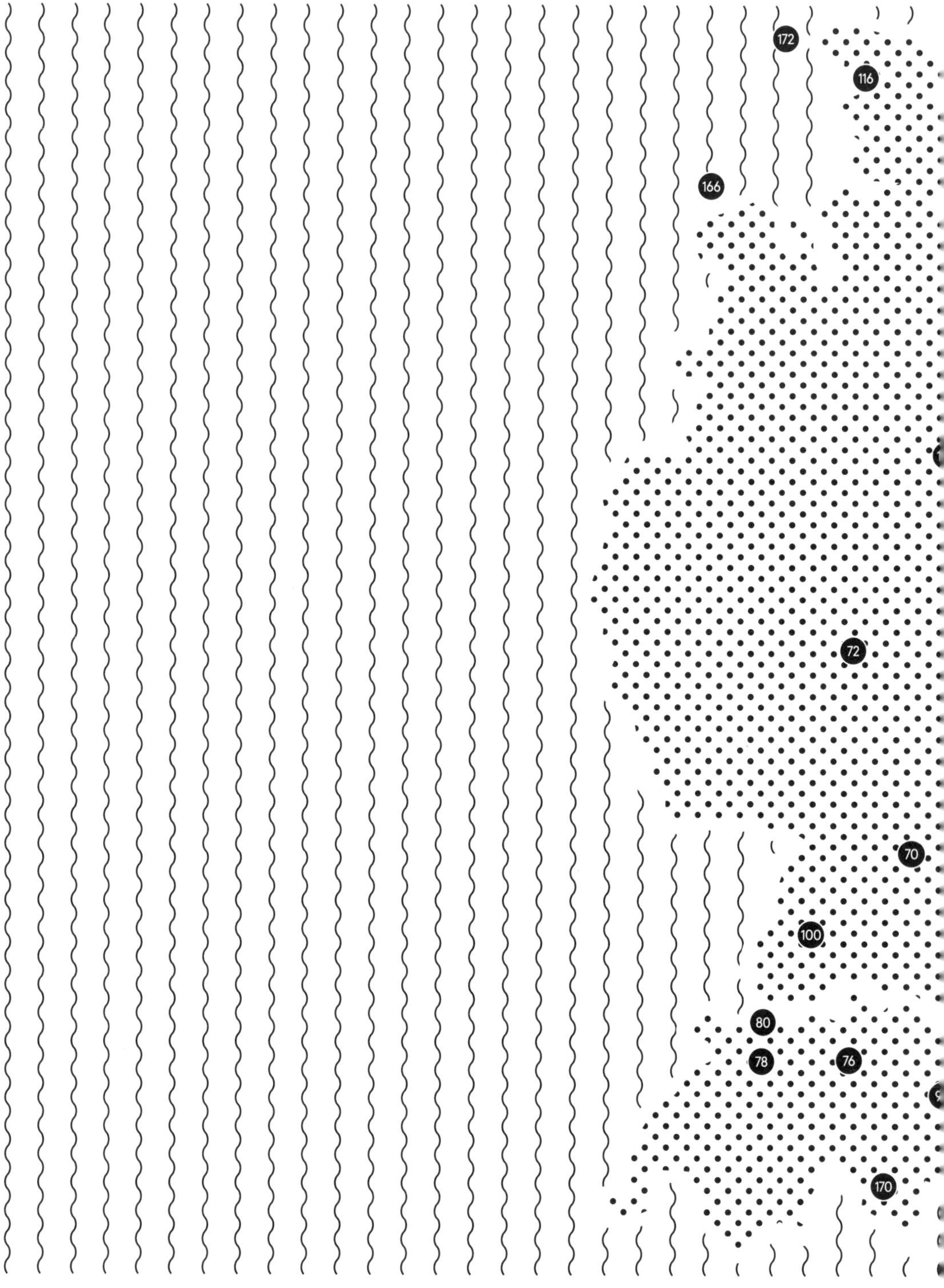
172
116
166
72
70
100
80
78
76
170